Peter Kerger

Werben wie die Profis

Peter Kerger

Werben wie die Profis

GABAL

Die Deutsche Bibliothek - CIP-Einheitsaufnahme

Kerger, Peter:
Werben wie die Profis / Peter Kerger -
Offenbach: GABAL, 2000 (EditionErfolg)
ISBN 3-89749-094-3

Cover: compaign!, Ludwigsburg
Satz: Rund ums Buch – Rudi Kern, Kirchheim/Teck
Druck und Verarbeitung: Graphischer Großbetrieb Pößneck

Auch als Hardcover-Ausgabe unter dem Titel
»Werben mit Konzept Teil 1« (GABAL Verlag) erhältlich.

Verlagsinformationen:
Jünger Service, Schumannstr. 161, 63069 Offenbach
Tel.: 0 69/84 00 03-13 (0) Fax: 0 69/84 00 03-33

Inhalt

Vorwort

Je schwieriger der Markt wird, umso wichtiger werden die Anstrengungen, auf diesem Markt erfolgreich zu sein. »Agieren statt reagieren« ist die Lösung – denn immer seltener kommt der Kunde von sich aus auf Sie zu. Er muss und will umworben werden!

Werbung, Verkaufsförderung und Marketing sind die Themen dieses Leitfadens in drei Teilen. Praxisnah und auf das Wesentliche konzentriert, wird das notwendige Fachwissen vermittelt, mit dem kleine und mittlere Unternehmen Aktionen selbst – also ohne Agentur – durchführen können. Zahlreiche Checklisten sollen die praktische Umsetzung erleichtern helfen.

Niemand kann allein durch das Lesen dieses Buches zum Werbefachmann werden. Aber Sie erfahren Grundsätzliches, was Sie Erfolg versprechend tun und wie Sie dabei vorgehen können. In Verbindung mit Teil 2 (Anzeigenwerbung, Rundfunkwerbung, Seminare und Workshops, Referate, Telefonmarketing) und Teil 3 (Kundenanfragen, Prospektgestaltung, Referenzen, Kundenzeitschrift, Sponsoring, Werbegeschenke) haben Sie ein praktisches, umfassendes Arbeitsmittel für Ihren Erfolg auf enger werdenden Märkten.

Viel Erfolg wünscht Ihnen

Ihr

1. Werben und Verkaufen – alles reine Glücksache?

1.1 Der Kunde: Bittsteller oder König?

Was ist ein Kunde?

Ein Kunde ist die wichtigste Person in diesem Unternehmen.

Ein Kunde ist nicht auf uns, sondern wir sind auf ihn angewiesen.

Ein Kunde bedeutet keine Unterbrechung unserer Arbeit, er ist vielmehr ihr Sinn.

Wir tun einem Kunden keinen Gefallen, ihn zu bedienen, er tut uns den Gefallen, dass er uns Gelegenheit dazu gibt.

Ein Kunde ist kein geeigneter Partner zum Streiten, niemand hat je einen Streit mit einem Kunden gewonnen.

Ein Kunde ist jemand, der uns seine Wünsche bringt, es ist unsere Aufgabe, sie zu erfüllen, zu seinen und zu unseren Gunsten.

Dieser Text, mit dem ein Verkaufsleiter 1982 seine Vertriebstagung eröffnete, hat auch noch heute seine Gültigkeit.

Kunden-orientierung

Kundenorientierung, Kundennähe, Kundenfreundlichkeit sind als Schlagworte in vieler Munde. Aber noch immer geht das Engagement meistens nicht über Lippenbekenntnisse hinaus. Diese Erfahrung machen Sie selbst täglich im Umgang mit Lieferanten und Dienstleistern.

Service-wüste Deutsch-land

Im Auftrag der Deutschen Marketing-Vereinigung e. V., Düsseldorf, ermittelt das *Deutsche Kundenbarometer* jährlich in 40 Branchen und 700 Unternehmen Einzelheiten über Kundenbindung und Kundenzufriedenheit. Das Ergebnis für 1995 dokumentierte eine *drastische Verschlechterung in fast allen Branchen*.

Umsatz-verluste

Ein Ergebnis mit gravierenden Folgen: Jedes Jahr entgehen den Unternehmen Umsätze, weil unfreundliche oder unfähige Mitarbeiter Kunden vergraulen.

Bevor Sie beginnen, Verkaufsförderungsstrategien zu planen und umzusetzen, lohnt es sich, die eigene Kundenorientierung genauer zu betrachten.

Neue Kunden zu gewinnen ist etwa fünfmal teurer, als alte zu halten!

Kunden sind zufrieden, wenn sie das Gefühl haben, die richtige Kaufentscheidung getroffen zu haben. Entscheidend ist der Vorteil, der sich aus der Nutzung ergibt. Wenn sich der erwartete Vorteil nicht einstellt, sei es durch falsche Versprechen oder durch unzureichende Funktionen, kommt es hoffentlich zu einer Reklamation! Das ist Ihre Chance

Reklamationen sind Chancen

für kostenlose Ursachenforschung. Oder wäre es besser, wenn sich Ihr Kunde kommentarlos an die Konkurrenz wenden würde?

»Jeder Fünfte, der sich beschwert, wird erschossen. Der Vierte war gerade hier.« – Wenn sich solche Sprüche in Büros, Verkaufsräumen, Werkstätten finden, ist es Zeit für ein Gespräch! Sie dienen keinesfalls überwiegend zur Verschönerung der Wände, sondern sind oft Indiz für die Einstellung der Mitarbeiter!

»Da müssen Sie etwas falsch gemacht haben«, gehört noch zu den harmlosesten Phrasen, mit denen Mitarbeiter Kunden verschrecken. Nehmen Sie sich die Zeit und prüfen Sie, ob nach dem Motto *»abwimmeln, vertrösten, ignorieren«* gehandelt wird. Wenn Sie das abstellen, fördern Sie den Verkauf ohne finanziellen Aufwand!

KUNDENBETREUUNG

1.2 Über den Umgang mit Reklamationen

Recht zu behalten ist eine große Freude – deshalb sollte man sie anderen gönnen!

- Hören Sie aktiv zu, egal ob der Kunde aus Ihrer Sicht im Recht ist oder nicht. Bleiben Sie ruhig, lassen Sie ihn ausreden.

- Geben Sie ein positives Feedback.
  »Ich kann Ihren Ärger gut verstehen.«

- Fragen Sie gezielt nach.
  Sie erhalten wichtige Informationen: Das Unternehmensbild wird reflektiert. Der Kunde spürt, dass er ernst genommen wird.

- Fragen Sie, wie Sie die Reklamation beseitigen können.
  Signalisieren Sie die Bereitschaft, das Produkt oder den Schaden zu ersetzen.

- Versuchen Sie unbedingt eine einvernehmliche Regelung zu finden.

- Danken Sie für die konstruktive Kritik.

- Gestehen Sie Fehler ein.
  Der Beispielbrief auf der nächsten Seite motiviert, Kunde zu bleiben!

VISUS

Frau Evelyn Böttger
Bahnhofstr. 18

23847 Kastorf

Leonberg, 23.1.1995 F/fa

Guten Tag sehr geehrte Frau Böttger,

besten Dank für Ihren Brief vom 19.1.95 in dem sie mit Recht eine Panne anmahnen, die nicht vorkommen sollte. Mit unserem Betriebsleiter in Hamburg haben Sie die Angelegenheit ja schon besprechen können. Offensichtlich wurde vergessen, die Bestellung in den PC einzugeben, womit sich der Vorgang natürlich jeder elektronischen Kontrolle entzogen hat.

Bisher haben wir noch kein EDV-Programm finden können, das die für unsere Arbeit so wichtige Karteikarte ersetzen kann, so daß manche Vorgänge noch von Hand bearbeitet werden müssen, was natürlich die Gefahr von menschlichen Fehlern beinhaltet.

Ihr Brief ist uns ein Dankeschön wert! Er gibt uns die Gelegenheit einen Organisationsmangel zu korrigieren.

Mit freundlichen Grüßen
VISUS CONTACTLINSEN

Peter Fanti

Anlage

VISUS CONTACTLINSEN GmbH • Eingetragen im Handelsregister beim Amtsgericht Hamburg B 20383 • Geschäftsführer: Peter Fanti
VISUS CONTACTLINSEN • 20354 Hamburg • Jungfernstieg 44 • Tel. 040–34 28 78 • Fax: 040–34 53 58
VISUS CONTACTLINSEN • 70173 Stuttgart • Calwer Straße 41 • Tel. 0711–226 30 79 • Fax: 0711–29 63 99
Bankverbindungen: Hamburger Sparkasse 1241/123924 (BLZ 200 505 50) • Postscheck Hamburg 1200-201 (BLZ 200 100 20)
Verwaltung: VISUS CONTACTLINSEN • Carl-Werner-Straße 6 • 71229 Leonberg • Tel. 07152–62 78 • Fax 07152–267 28

Beispielbrief

Aktive Kundenbetreuung

Wenn Sie diese wichtigen Kontakte nicht selbst wahrnehmen können, schaffen Sie die organisatorischen Voraussetzungen für eine aktive Kundenbetreuung:

- Benennen Sie eine Kontaktperson.
- Geben Sie ihr die notwendigen Kompetenzen.
- Sorgen Sie dafür, dass zugesagte Rückrufe eingehalten werden.
- Geben Sie der Telefonzentrale Anweisung, wie mit Reklamationen zu verfahren ist.
- Trainieren Sie positives Formulieren.
  Nicht: *»Da haben Sie beim Anschließen bestimmt was falsch gemacht.«*
  Sondern: *»Lag dem Gerät eine Installationsanleitung bei?«*
- Lassen Sie Reklamationspunkte schriftlich festhalten und werten Sie sie regelmäßig aus.

Unternehmensberater haben festgestellt, dass ein verärgerter Kunde 9 bis 15 anderen Personen von seinem Frust berichtet. Positive Erlebnisse werden hingegen nur an 3 Gesprächspartner weitergegeben!

Kundenzufriedenheit

Wo immer mehr ähnliche Produkte und Leistungen miteinander konkurrieren, da entscheidet oft die Zufriedenheit des Kunden, wer im Markt bestehen kann. Und dabei zählt nicht allein die Qualität der Ware. Ebenso wichtig sind Verhalten und Kompetenz der Mitarbeiter: ob sie zuverlässig arbeiten, Fristen und Liefertermine einhalten und bei Reklamationen freundlich bleiben.

Altkunden sind Multiplikatoren

Ihre Alt- und Stammkunden bilden ein wichtiges Potential für zukünftige Geschäfte. Ihnen sollten Sie sich zunächst widmen, bevor Sie beginnen, Neukunden zu akquirieren. Wenn Ihre Betreuung rundum von ihm anerkannt wird, spricht der Kunde gut über Sie und wird positiv reagieren, wenn Sie mit neuen Produkten und Leistungen um ihn werben.

1.3 Setzen Sie sich erreichbare Ziele

Wenn Sie um Neukunden werben, haben Sie es zunächst mit anonymen Interessenten zu tun. Erscheinungsbild, Preis-/Leistungsverhältnis und die dahinter stehende Dienstleistung müssen für den Umworbenen attraktiv sein.

Umsatzsteigerung und Gewinnmaximierung sind die vordergründigen Ziele, die mit Hilfe Ihrer Verkaufsförderungsmaßnahmen erreicht werden sollen.

Anti-zyklisch werben?

»In guten Zeiten müssen Sie wenig, in schlechten Zeiten mehr für die Werbung einplanen.« – Falsch! Diese alte Weisheit trifft leider nur auf die wenigsten Branchen zu. Allzu oft versagt dieser Automatismus leider.

Damit die guten Zeiten anhalten, müssen Ihre Bemühungen um den Neukunden kontinuierlich fortgesetzt werden, auch wenn Ihnen die Tagesarbeit wenig Zeit dazu lässt!

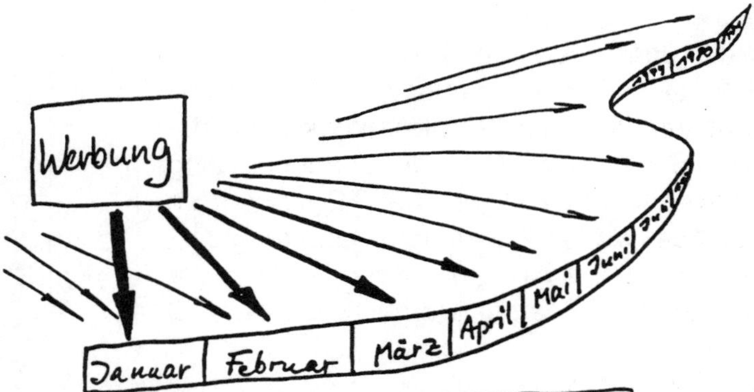

Werbung wirkt teilweise langfristig

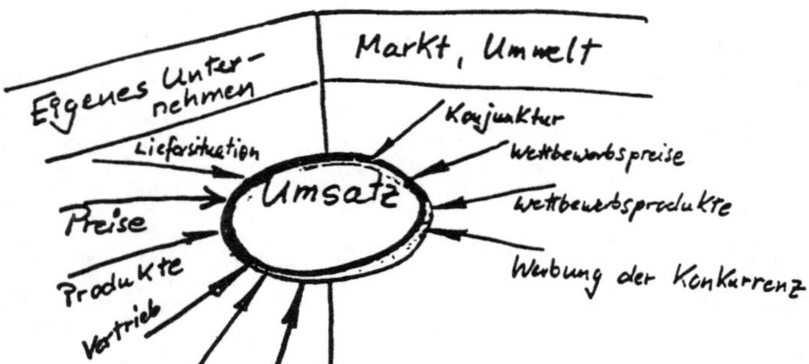

Werbung ist nur <u>ein</u> Einflussfaktor auf den Umsatz

Werbung und Verkaufsförderung wirken langfristig!

Erfahrungsgemäß sind Ihre Maßnahmen dann effizient, wenn Sie sie, ähnlich wie die Urlaubsplanung Ihrer Mitarbeiter, mindestens über 12 Monate im Voraus planen und immer wieder inhaltlich aktualisieren.

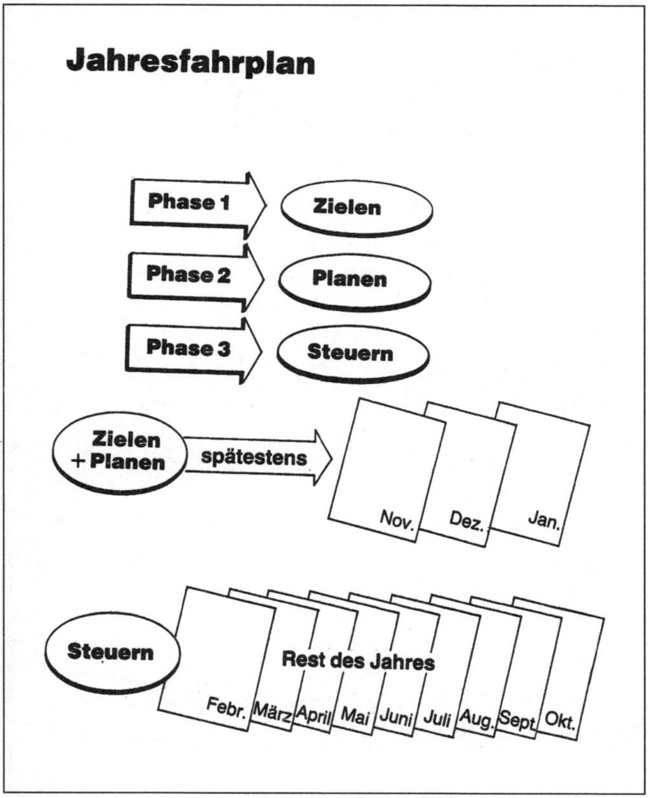

Jahresfahrplan

Dabei beachten Sie auch die Aktivitäten des Wettbewerbs und saisonales Kaufverhalten Ihrer Zielpersonen. Besondere Ereignisse – Messen, Olympische Spiele, kulturelle Veranstaltungen – beziehen Sie frühzeitig in Ihre Überlegungen ein.

1.4 Strategische Fragen und Zielsetzung

- Welche Personen sollen kurz- und mittelfristig umworben werden?

- Wie ist der Personenkreis zu erreichen?

- Welche Botschaft soll kommuniziert werden?
  Beispiele: mehr Lebensfreude
  Bequemlichkeit
  Sicherheit
  Prestige
  usw.

1.5 Festlegung der direkten Werbeziele

Beispiele für Werbeziele

Ziele, die Sie sich zum Beispiel vornehmen können:

- Aufbau und Stabilisierung des Bekanntheitsgrades des Unternehmens, eines Produktes oder einer Dienstleistung

- Informationstransfer

- Emotionelle Ansprache

- Imageförderung für vorhandene Produkte und/oder Unternehmen

- Kaufwunsch stimulieren

- Kauf bestätigen, Folgegeschäfte anbahnen

- Reaktion auf Konkurrenzverhalten

- Rückgewinnung verlorener Kunden

- Ende eines Produkt-Lebenszyklus, Ersatzgeschäft vorbereiten

- Beeinflussung von Verbraucherverhalten

- Ausgleich von Saisonschwankungen

- Ausbau/Stabilisierung des Marktanteils

1.6 Wie und wo: Übersicht der möglichen Maßnahmen

- Direktwerbung
- Pressearbeit
- Telefonakquisition
- Anzeigenschaltung
- Firmenprospekt
- Handzettel/Beileger
- Kundenzeitung
- Gelbe Seiten
- Messebeteiligung
- Vorträge vor Verbänden
- Rundfunkwerbung
- Fernsehwerbung, regional
- Plakatierung
- Fahrzeugbeschriftung

Kundenbefragung

Um gerade das »Gewusst, wo« in Zukunft leichter beantworten zu können, sollten Sie es sich zur Regel machen, Interessenten und Kunden zu befragen, wie sie auf Sie gekommen sind. Daraus können Sie wichtige Schlüsse über die Effektivität Ihrer Maßnahmen ziehen!

Produktqualität ist Voraussetzung

Werben Sie nicht für Produkte, die eine unzureichende Funktion haben oder einfach nicht marktgerecht sind. Sie lassen sich auch mit der ansprechendsten Werbung kaum verkaufen und schaffen letztlich unzufriedene Kunden.

2. Das Erscheinungsbild Ihres Unternehmens

Mit schlechtem Image lässt sich kaum verkaufen. Ihre Maßnahmen brauchen eine solide Basis: ein unverwechselbares Erscheinungsbild (Corporate identity). Dazu gehören alle nach außen wirkenden Bereiche: vom Geschäftspapier bis zum Verhalten der Mitarbeiter.

2.1 Firmenzeichen, Schriftzug und Farbe

Einheitlich, positiv, einprägsam

Damit der Erinnerungseffekt möglichst hoch ist, müssen die Elemente einprägsam und positiv auffallend sein. Beauftragen Sie einen Fachmann mit der Gestaltung, denn diese Elemente sind wichtig für den konsequent einheitlichen Firmenauftritt. Sorgen Sie für eine Wiedererkennung in Prospekten, Anzeigen, Geschäftspapieren und auf Messeständen.

Fünf Beispiele für Firmenzeichen

Hausfarbe

Die Hausfarbe legen Sie mittels einer Farbskala fest. Jeder Drucker hat sie. Druckereien verwenden Pantone- oder HKS-Farben. Die Bezeichnung der Farbe laut Farbskala legt eindeutig Farbe und Sättigung fest, z. B. HKS 10 K 55%.

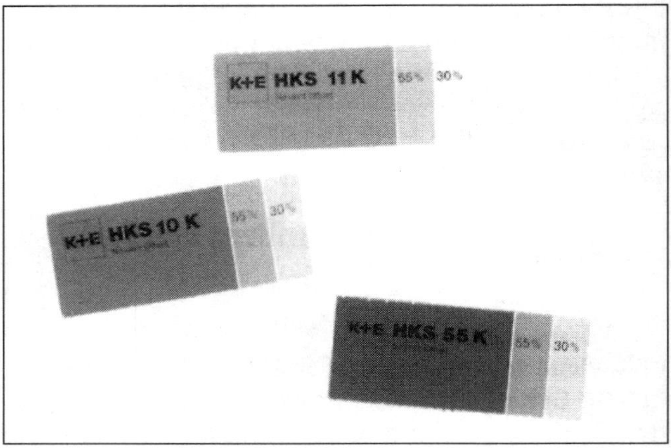

HKS-Farbkärtchen

Aus Rot, Gelb, Blau und Schwarz setzt der Drucker jede gewünschte Farbkombination zusammen. Berücksichtigen Sie Ihre Erfahrungen mit Farben: Grün beruhigt, signalisiert Umweltverträglichkeit, Rot gilt als Signalfarbe.

Firmenlogo

Beim Firmenzeichen entscheiden Sie sich für eine möglichst einfache Variante, die auch in unterschiedlichen Größen gut wirkt. Lassen Sie sich verschiedene Vorschläge machen. Entscheiden Sie nicht allein. Familienangehörige haben eine unvoreingenommene Meinung und Mitarbeiter einen anderen Blickwinkel. Wählen Sie ein modernes Design mit prägnanter Typographie, kurz und treffend, einprägsam.

Schriftart

Legen Sie auch eine einheitliche Schrift fest, die Sie für alle Publikationen verwenden. Sie lesen hier gerade Rotis Serif in der Größe 10 Punkt. **Garamond, halbfett, 12 Punkt** ist zum Beispiel für jeden Setzer eine eindeutige Vorgabe.

ITC Garamond light ITC-G004012
ITC Garamond book ITC-G004013
ITC Garamond bold ITC-G004016
ITC Garamond ultra ITC-G004020
ITC Garamond light italic ITC-G004032
ITC Garamond book italic ITC-G004033
ITC Garamond bold italic ITC-G004036
ITC Garamond ultra italic ITC-G0040
ITC Garamond light condensed ITC-G004052
ITC Garamond book condensed ITC-G004053
ITC Garamond bold condensed ITC-G004056
ITC Garamond book condensed italic ITC-G004073
Berthold-Garamond normal B-G003003
Berthold-Garamond halbfett B-G003004
Berthold-Garamond kursiv B-G003023
Stempel-Garamond normal LI-G021003
Stempel-Garamond halbfett LI-G021004
Typoart-Garamond mager T-G005002
Typoart-Garamond halbfett T-G005004
Typoart-Garamond kursiv T-G005022

Unterschiedliche Garamond-Schriftschnitte

Großunternehmen wie Siemens oder Mercedes setzen ihr Corporate design konsequent ein. Achten Sie auf Anzeigen, Prospekte usw. Schriftzug, Emblem und Slogan stehen, selbstverständlich in den Firmenfarben, immer an gleicher Stelle.

Fachleute mit einbeziehen

Die Gestaltung gehört in die Hände von Leuten, die sich damit beschäftigen. Studenten der Fachrichtung Grafik/Design sind dankbar für solche praxisorientierten Aufgaben. Modernes und antiquiertes Aussehen von Farbe und Schrift liegen dicht beieinander. Lassen Sie sich mehrere Vorschläge machen.

Schriftverkehr, Fahrzeuge, Angebote, Rechnungen, Anzeigen und alle Verkaufsunterlagen tragen Ihr Firmenzeichen mit dem entsprechenden Schriftzug. Angenehm und anziehend gestaltet, tragen diese Elemente ganz wesentlich zum äußeren Erscheinungsbild bei.

Firmenname

Der Firmenname sollte einen direkten Bezug zu Ihrer Tätigkeit haben und auch am Telefon gut klingen.

Ewald, Hopf, Gerstner und Partner Gesellschaft für angewandten Bautenschutz mbH

sagt zwar etwas über die Tätigkeit des Unternehmens, hat aber eine geringe Merkfähigkeit.

EHG Bautenschutz

ist für Außenstehende einprägsamer.

2.2 Der schriftliche Auftritt

Auch der Schreibstil ist Image bildend. Bemühen Sie sich in Ihrer Korrespondenz um einen kurzen, knappen Stil.

Ein paar Regeln für den Briefaufbau:

Brief-aufbau

■ Firma/Fa. entfällt im Adressfeld.
FHG-Bautenschutz sagt bereits, dass es sich um ein Unternehmen handelt.

■ Betrifft/Betreff entfällt.
Beginnen Sie mit einer interessanten Überschrift: *»Ihre Reklamation war sehr hilfreich.«* oder *»Die Lebensdauer Ihrer Anlage steht auf dem Spiel.«*

Anrede

■ Anrede: Achten Sie bei der persönlichen Anrede unbedingt darauf, dass der Name richtig geschrieben wird. Nichts verärgert mehr als ein fehlerhafter Name.

Sehr geehrte Frau ... können Sie noch schreiben, etwas fröhlicher wirken jedoch: *Guten Tag, Herr ..., Guten Morgen, ..., Grüß Gott, ...*

Bei nicht namentlicher Ansprache vergessen Sie die Damen nicht:

Guten Tag, sehr geehrte Damen und Herren der Hausverwaltung,

... seit einem Jahr haben Sie uns nicht mehr zur Wartung Ihrer Heizungsanlage gerufen.

Schluss

■ Briefabschluss: *Mit freundlichen Grüßen, Hochachtungsvoll* ersetzen Sie durch:

Wir wünschen ein erholsames Wochenende, ...
eine erfolgreiche Woche ...
... und grüßen aus der Mainmetropole
Beste Grüße nach Bayern

Wenn Sie zum Beispiel ein Angebot abgeben, schließen Sie am besten mit einer Frage:

Unser Angebot gilt bis zum ..., melden Sie sich bald?
Sagt Ihnen unser Angebot zu?
Wann entscheiden Sie sich?
Sind Fragen offen?

Diese Fragen geben Ihnen die Möglichkeit, selbst aktiv zu werden.

... und würden wir uns freuen, wieder von Ihnen zu hören.

Vermeiden Sie solche Briefabschlüsse. Dieser Schlusssatz drängt Sie in eine passive Rolle und erschwert das Nachfassen. Machen Sie deutlich, dass Sie den Auftrag haben wollen. Und nur dann geben Sie ein Angebot ab.

■ Unterschrift: Setzen Sie Ihren Namen gedruckt unter die Unterschrift oder in den Briefkopf:

Es schreibt Ihnen: Thomas Clever

Damit vermeiden Sie Anrufe wie: *»Ich möchte gerne Ihr Zeichen CL sprechen.«*

EHG-Bautenschutz müssen Sie nicht wiederholen, es steht ja im Briefkopf.

Rechnungen

■ Rechnungen: Beschreiben Sie Ihre Leistung möglichst ausführlich, dokumentieren Sie den Wert Ihrer Arbeit. Setzen Sie freundlich, aber bestimmt einen Zahlungstermin.

Ihre Zahlung erwarten wir bis zum ...

Nutzen Sie die Rechnung auch für werbende Hinweise.

Beispiele:

Am 17.12. gehen wir mit guten Kunden Tannenbaumschlagen. Gehen Sie mit? Anmeldung: Telefon ...

Ersatzfilter benötigen Sie in etwa einem Jahr. Bestellnummer ... Telefonische Bestellung unter ...

Mahnungen

■ Mahnungen: Damit tun sich viele Unternehmen schwer, sie verfallen dann gern in ein unangenehmes Amtsdeutsch. Überlassen Sie das Texten nicht der Buchhaltung. Auch der Text des Mahnschreibens beeinflusst das Erscheinungsbild Ihres Unternehmens.

Auf der nächsten Seite sehen Sie ein Beispiel, wie man's auch machen kann, unter Verwendung eines Spruchs aus einem Kalenderblatt.

Anschrift
mit persönlicher Anrede
Straße

PLZ und Ort

Es schreibt Ihnen:
Sabine Schlau

15. Februar 1997

Guten Tag, sehr geehrter Herr ...,

genießen Sie Ihr neues Bad?

Die Sanierung haben wir sehr gerne für Sie ausgeführt. Die Abnahme war am ... Sie äußerten sich sehr zufrieden. Unsere Leistungen haben wir am ... abgerechnet.

Einen Geldeingang konnten wir bisher nicht feststellen.

Gibt es trotz Ihrer Zufriedenheit einen Grund, die Zahlung zurückzuhalten?

Geben Sie bitte kurz Nachricht, woran es liegt.

Mit besten Grüßen

Sabine Schlau

Es gibt Leute,
die gut zahlen,
die schlecht zahlen,
die prompt zahlen,
die nie zahlen,
die schleppend zahlen,
die bar zahlen, abzahlen,
draufzahlen, heimzahlen –
nur Leute, die gern zahlen,
die gibt es nicht.
Georg Christoph Lichtenberg

Musterbrief Mahnung

Entscheiden Sie, ob in Ich- oder Wir-Form geschrieben wird, und bleiben Sie dabei. *Ich* wirkt persönlicher. *Wir* vergrößert das Unternehmen.

2.3 Die Firmenfahrzeuge

Eher Golf statt Porsche

Das Fahrzeug, mit dem Sie bei Ihrem Kunden vorfahren, prägt das Erscheinungsbild genauso wie Service- und Lieferfahrzeuge. Prüfen Sie kritisch, wie Ihr S-Klasse-Benz auf den Kunden wirken könnte. *»Muss reichlich verdienen, haut mich sicher übers Ohr, bestimmt viel zu teuer«*, sind nun mal Schlüsse, die Kunden ziehen könnten. Ihr Lieblingsauto sei Ihnen gegönnt, aber oft ist Understatement für das Geschäft vorteilhafter. Fahren Sie im Zweifel Golf!

Bei Service- und Lieferfahrzeugen steht der praktische Nutzen im Vordergrund. Halten Sie Ihren Fuhrpark modern, tauschen Sie Fahrzeuge nach drei bis vier Jahren aus, und sorgen Sie stets für saubere Fahrzeuge ohne Beulen und Schrammen. Diese Fahrzeuge transportieren schließlich Ihr Firmenimage in Form des Firmennamens und Logos über die Straßen. Auch rücksichtsloses und verkehrswidriges Verhalten wirkt sich negativ auf Ihr Erscheinungsbild aus!

Firmenfahrzeug

2.4 Ihr Auftritt auf Messen

Größe und Aufmachung sollten dem Unternehmen entsprechen

Zu diesem Thema finden Sie Einzelheiten in Kapitel 6. Der Messestand ist – genauso wie Ihre Werkstatt, der Laden oder der Besprechungsraum – die Visitenkarte Ihres Unternehmens. Größe des Standes und Aufmachung müssen mit dem allgemeinen Unternehmensbild übereinstimmen. Interessenten und Kunden haben von Ihrem Unternehmen gewisse Vorstellungen. Die Ausstellungsfläche muss eine entsprechende Größe haben und bei der Ausstattung darf nicht gespart werden, auch wenn die Messe nur drei Tage dauert. Raufasertapete und Plastikstühle sind zwar billig, aber so spartanisch, dass Ihr Nimbus in Gefahr gerät. Schriftzug und Farbe sorgen auf Ihrem Stand für eine schnelle Wiedererkennbarkeit.

2.5 Der Telefonkontakt

Der Kunde hat Vorrang

Eine freundliche, lächelnde Stimme bringt viel Positives rüber. Das Gespräch mit dem Kunden hat Vorrang vor jeder internen Arbeit. Sorgen Sie technisch und organisatorisch dafür, dass ein Anruf sofort entgegengenommen wird.

»EHG« ist zwar knapp und präzise, klingt aber schnell auch barsch und unwirsch, nach dem Motto: *»Wer stört uns da schon wieder?«*

»Guten Tag, EHG Bautenschutz. Mein Name ist Thomas Clever. Was können wir für Sie tun?«, lädt zum Gespräch ein und schafft eine positive Grundstimmung.

Regeln für den Telefonkontakt:

- Schalten Sie den Anrufer nicht in eine Warteschleife mit Musik – das nervt. Wenn er schon warten muss, erzählen Sie ihm doch etwas über Ihr neues Produkt, das gerade erschienen ist. Oder fragen Sie ihn nach den Erfahrungen mit der Anlage usw. Hinweise hierzu erhalten Sie in *Werben mit Konzept, Band 2: Telefonakquisition, passiv.*

- Sagen Sie dem Kunden nicht, dass er später wieder anrufen soll. Notieren Sie seine Rufnummer und veranlassen Sie den Rückruf. Die Einhaltung ist Ehrensache!

Gut merkfähige Telefon- und Fax-Nummern erleichtern die Kontaktaufnahme zu Ihnen. Nicht jeder hat Bleistift und Papier zur Hand, wenn er z. B. Ihren Lieferwagen sieht. *Telefon 61 71 81* ist einprägsam. Oder *3 x 41*, hier wurde die Telefonnummer sogar zum Firmenzeichen.

2.6 Betreiben Sie interne Werbung

Mitarbeiter als Multiplikatoren

Betriebsangehörige und deren Motivation spielen eine ganz wesentliche Rolle beim Aufbau des Erscheinungsbildes Ihres Unternehmens. Sorgen Sie dafür, dass Mitarbeiter positiv, möglichst stolz, im Familien- und Freundeskreis über ihre Arbeit und den Betrieb sprechen.

Dazu muss die Kommunikation in allen Bereichen optimal funktionieren, alle müssen am selben Strang ziehen!

Berichten Sie regelmäßig über:

- Erfolge;
- Leistungsstärke;
- Veränderungen;
- Zielsetzungen.

Beziehen Sie dort, wo es sinnvoll ist, Lieferanten, Banken und Behörden in Ihre interne Werbung ein. Das positive Gesamtbild wird damit gefestigt.

> **Das Ansehen,**
> **das ein Unternehmen**
> **bei seinen Kunden erworben hat,**
> **ist der einzige Wert,**
> **den die Konkurrenz nicht**
> **unterbieten kann.**

2.7 Ohne Perfektion erfolgreich werben?

Werbeaussage: einfach und preiswert

Es gibt übrigens auch Anlässe, zu denen Werbung auch »handgemacht« aussehen darf. Soll »einfach, billig, preiswert« suggeriert werden, wäre zu aufwendige Werbung widersprüchlich. *»Das Angebot ist so günstig, dass sich mehr Werbung nicht lohnt«*, denkt der Kunde. Die Methode kennen Sie aus Ihrem Supermarkt: In eine Box geschüttete Konserven sind ein »Schnäppchen«, da lohnt das Stapeln nicht. ALDI macht es vor, mit allerdings professionell gemachter Einfach-gleich-billig-Werbung.

Auch dem Handwerksmeister von nebenan, der sich für keine Arbeit zu schade ist, traut man keine aalglatte, profihafte Werbung zu. Sein Markenzeichen ist das einfache, solide handwerkliche Geschick. Hoffentlich fällt er nie auf einen Agentur-Smarty herein und bleibt bei seinem Stil.

2.8 »Wir sind der beste Anbieter am Ort«

Dies ist eine Aussage, die Sie so nicht treffen dürfen, auch nicht, wenn Sie sich dafür halten sollten. *»Einer der besten ...«* vermeidet eine unzulässige Alleinstellung, die der Gesetzgeber nicht sehen möchte.

Vorsicht vor unlauterem Wettbewerb

Anwälte, die nichts Besseres zu tun haben, Verbraucherschutzvereine, der deutsche Werberat und Ihre Konkurrenz achten sehr darauf, dass alles »lauter« nach Gesetz zugeht. Das *Gesetz gegen den unlauteren Wettbewerb (UWG)* müssen Sie strikt einhalten. Es wäre doch schade, wenn Ihnen verboten würde, den neuen Prospekt zu verteilen, weil ein Formfehler vorliegt.

Das Gesetz über Preisnachlässe, die Zugabeverordnung, die Verordnung über Preisangaben, Urheber- und Persönlichkeitsrecht und das Landespressegesetz sind nur einige der Reglements, denen Sie bei der Gestaltung Ihrer Verkaufsförderungsaktivitäten begegnen können.

Lassen Sie Ihre Werbeaussagen von einem Anwalt prüfen, wenn Sie auch nur die geringsten Zweifel haben. Das Paragraphengestrüpp ist kaum überschaubar und tückisch!

3. Ihr Kunde: Die Zielperson

3.1 Welche Bedeutung die Zielgruppe für Sie hat

Unter der Zielgruppe versteht man den *Kundenkreis, den Sie ansprechen wollen.* Je enger und genauer die Zielgruppe erfasst werden kann, umso wirksamer kann die Ansprache sein. Vermeiden Sie breit streuende Schüsse nach dem Schrotflintenprinzip. Betätigen Sie sich als Scharfschütze und sprechen Sie die Zielperson mit treffenden Argumenten an.

Dazu befassen Sie sich zunächst wieder mit Ihren Stammkunden. Als aufmerksamer Zuhörer wissen Sie, warum ein Produkt oder eine Dienstleistung bei Ihnen gekauft wurde.

Unterschiedliche Kaufmotive

Der Käufer eines Bürostuhles zum Beispiel kann völlig unterschiedliche Kaufmotive haben:

- *Repräsentation:* passt zu seiner gehobenen Büroausstattung;
- *Gesundheit:* hat Probleme mit der Bandscheibe;
- *Lieferfähigkeit:* muss alten Stuhl ersetzen oder will freie Budgetmittel ausgeben;
- *Gesetze:* wegen der Kippgefahr sind durch die Berufsgenossenschaft nur noch Rollstühle mit fünf Beinen und Rollen erlaubt.

Entsprechend den unterschiedlichen Kaufmotiven entwickeln Sie Ihre Kundenansprache:

Kundenansprache

- Repräsentation: *Sitzkomfort für Manager ... darum wird man Sie beneiden!*

- Gesundheit: *Ihre Bandscheibe dankt es Ihnen: Topfit am Ende eines Tages!*

- Lieferfähigkeit: *Noch '99 abschreiben? Wir liefern ab Lager!*

- Gesetz: *Ihr Stuhl ist gefährlich! Tauschen Sie ihn aus. Sicher ist sicher!*

Wenn noch keine Erfahrungen bezüglich der Kaufmotive Ihrer Kunden vorliegen, nehmen Sie zunächst die Vorgaben, die zur Entwicklung eines Produktes oder einer Dienstleistung führten:

- Welchen Nutzen hat der zukünftige Kunde, welches Bedürfnis wird damit gedeckt?

- Wer ist der zukünftige Kunde oder Entscheider über den Kauf?

Zielgruppenanalyse

Ein Beispiel zur Zielgruppenanalyse:

Ausgangssituation:
Ein Hersteller bewirbt eine Diebstahlsicherung für Fahrräder mit einem Verkaufspreis von DM 298,–.

Zielgruppe:
Alle Fahrradbesitzer?
Zu ungenau! Hohe Streuverluste drohen!

Exakt eingegrenzt, könnten folgende Zielgruppen formuliert werden:

- *alle Besitzer von hochwertigen Rädern mit einem Kaufpreis von mehr als DM 800,– da sie wahrscheinlich über entsprechende Kaufkraft verfügen;*
- *häufige Benutzer dieser Räder, denn mit der Häufigkeit steigt die Diebstahlswahrscheinlichkeit;*
- *Radfahrer, die nach einem Diebstahl negative Erfahrungen mit Versicherungen gemacht haben;*

Je detaillierter Sie die Bedürfnisse segmentieren können, desto besser! Sie finden so die beste werbliche Ansprache.

3.2 So treffen Sie die richtige Auswahl

Wenn wir bei dem Beispiel *Bürostuhl* bleiben, wird es natürlich so gut wie unmöglich sein, die Zielpersonen

Leitende Angestellte mit Rückenproblemen und höherem Einkommen

anzusprechen. Kauf- und Mietadressen von darauf spezialisierten Unternehmen lassen sich heute aber so gut segmentieren, dass die Streuverluste ziemlich gering bleiben. Aus dem Adresspotenzial *Personenzielgruppen* mit der Gliederung

Streuverluste gering halten

- alle Haushalte;
- Selbstständige;
- Führungskräfte;
- Arbeiter, Angestellte;
- Beamte;
- Hausfrauen;
- Kinder/Jugendliche;
- Senioren/Rentner.

wählen Sie die Segmente:

Selbstständige und Führungskräfte

um sie zum Beispiel in einem Mailing anzusprechen. Weiter eingrenzen können Sie die Gruppe, wenn der Adressenlieferant eine Sortierung nach Jahrgang ermöglicht. Probleme mit der Bandscheibe haben eher die über 40-Jährigen. Außerdem gibt es auch noch die Möglichkeit der regionalen Eingrenzung nach Postleitzahlen. Hier wählen Sie zum Beispiel die Gebiete mit einer hohen Firmendichte aus.

Segmentierung nach Alter und PLZ

Diese Zielgruppe erreichen Sie übrigens auch sehr gut über Anzeigen in IHK-Zeitschriften, wenn Sie gewisse Regeln einhalten (siehe *Werben mit Kon-*

zept, Teil 2). Die IHK-Informationen sind häufig Pflichtlektüre, denn sie enthalten Informationen von Firmen aus der Nachbarschaft, vom neuen Geschäftsführer bis zum Konkursantrag.

Weitere Beispiele für Anwendung und Zielgruppe:

- *Essen auf Rädern: Senioren/Rentner, Lesezirkel-Abonnenten;*
- *Schlüsseldienst: alle Haushalte;*
- *Platz sparende Heizkessel: Besitzer von Einfamilienhäusern.*

Branchen

Das Gliederungsmerkmal *Branchen* bietet ebenfalls gute Segmentierungsmöglichkeiten, z. B.:

- Ämter und Behörden;
- Betriebe nach Mitarbeiterzahl;
- Betriebe nach Umsatzgröße;
- Betriebe nach Branchen: Holz, Textil usw.;
- Dienstleistungsunternehmen;
- Einzelhandel nach Branchen;
- freie Berufe;
- Freizeiteinrichtungen;
- Gastronomie;
- Gewerbebetriebe;
- Transport und Verkehr;
- Verbände;
- Gesundheitswesen

usw.

Die gewünschten Zielgruppen lassen sich mit den zur Verfügung stehenden Segmentierungselementen ziemlich genau definieren.

Beispiel:

Orthopädiehäuser mit eigener Werkstatt in Städten mit mehr als 10.000 Einwohnern

oder

Betriebe mit mehr als 500 Beschäftigten im Postleitzahlgebiet ...

Ziemlich aktuelles Adressenmaterial liefern darauf spezialisierte Unternehmen, über die Sie im nachfolgenden Kapitel Näheres erfahren. Sie können auch allgemein zugängliche Nachschlagewerke und Dateien, z. B. Mitgliederverzeichnisse, Gelbe Seiten etc. für die Selektion Ihrer Adressen benutzen.

Ansprechpartner

Die meisten Adressenkollektionen haben allerdings einen Nachteil: Die Zielperson in einem Unternehmen ist namentlich nicht bekannt. Zwar können Zusätze wie »Geschäftsleitung« oder »Leiter Fuhrpark« mit in die Anschrift eingedruckt werden, sie helfen aber kaum bei der telefonischen Nachakquisition.

Tipp: Lassen Sie anrufen, bevor Sie schreiben. Stellen Sie fest, wer Ihr Ansprechpartner ist. Dazu müssen Sie nicht mit ihm sprechen. Die Telefonzentrale gibt Auskunft.

Beispiel: **Gesprächsleitfaden zur Ermittlung des Ansprechpartners**

1 *Guten Tag. Mein Name ist Clever von der Firma SATORT: Wir möchten Ihnen eine Information über ein neues Satelliten-Ortungssystem für Ihre Lieferfahrzeuge zuschicken.*
Wer ist in Ihrem Haus für den Fuhrpark zuständig?

2 *Habe ich den Namen richtig verstanden?* (Namen wiederholen und buchstabieren!)

3 *Geben Sie mir bitte auch gleich die Durchwahlnummer.* (Rufnummer wiederholen.)

4 *Vielen Dank für Ihre Hilfe. Auf Wiederhören.*

Es kann allerdings passieren, dass eine ganz eifrige Telefonistin durchstellt, bevor Sie überhaupt zu Ende gesprochen haben. Entschuldigen Sie sich für die Störung. Sagen Sie, worum es geht und kündigen Sie Ihre Information an.

Ihrem Brief wird durch die persönliche Ansprache viel mehr Aufmerksamkeit gewidmet werden. Beachten Sie dazu weitere Regeln in Kapitel 4. Gleichzeitig wird der Einstieg für das nachfassende Telefongespräch erleichtert:

»Wir haben Sie vor einigen Tagen persönlich angeschrieben.«

3.3 Über die Herkunft der Adressen

Adressenmaterial für Direktwerbung und Telefonakquisition können Sie selbst aufbereiten oder mieten.

Eigene Adressdatei

Die eigene Interessentendatei enthält:

- Kunden;
- Interessenten;
- Lieferanten (Gegengeschäfte!);
- Messebesucher;
- Anfrager auf Anzeigen;
- Journalisten

usw.

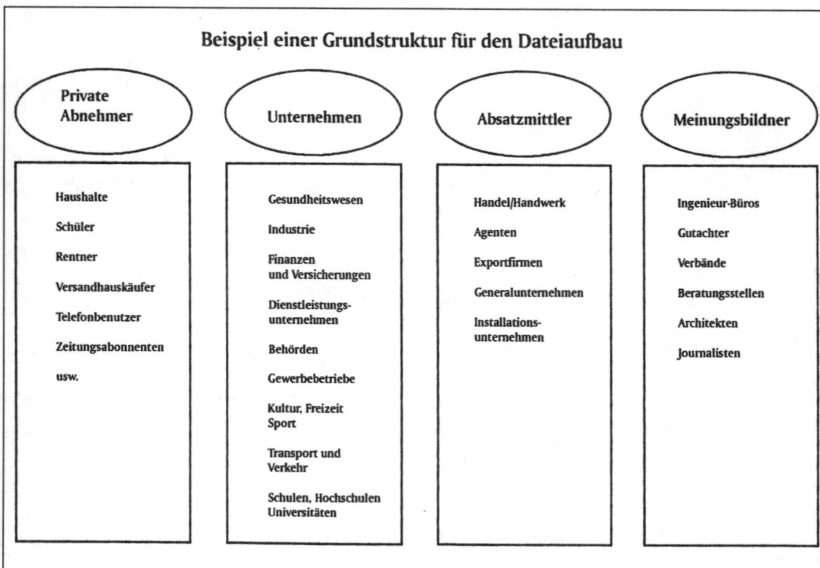

Grundstruktur für den Aufbau einer Adressdatei

Adressen-verlage

Adressenverlage liefern auf Etikette, Diskette oder CD-ROM wie zum Beispiel:

Schober Direktmarketing GmbH + Co.
Max-Eyth-Straße 6-10
71254 Ditzingen/Stuttgart
Tel.: (07156) 304 0
Fax: (07156) 304 483

AZ Direct Marketing Bertelsmann GmbH
Carl-Bertelsmann-Straße 161
33311 Gütersloh
Tel. (05241) 80 54 73
Fax: (05241) 80 60 58

Strafe droht!

Achtung: Adressen werden meistens zur einmaligen Nutzung vermietet. Sie dürfen sie nicht ungefragt mehrfach verwenden. Zur Kontrolle sind Fangadressen in jeder Kollektion.

Weitere Quellen für die eigene Aufbereitung von Zieladressen sind:

- Branchenbücher »Gelbe Seiten«;
- Anzeigen in Tageszeitungen;
- Anzeigen in Branchendiensten, IHK-Zeitschriften;
- Einkaufsführer/Jahrbücher;
- Messekataloge;

- das Verzeichnis der Handelskammer-Mitglieder (erhältlich nach Betriebsgrößen und Branchen);

- Mitgliederlisten von Vereinen und Verbänden, z. B.:
  Marketingclubs
  Verband Deutscher Telekomanwender e. V.
  Bund der Steuerzahler
  Bund Deutscher Verkaufsförderer
  und Trainer e. V. (BDVT)
  Verein Deutscher Katzenfreunde,
  und, und, und …

Das Vereins- und Verbandsleben ist so rege, dass Sie mit Sicherheit überschaubare Zielgruppensegmente herausfinden werden!

4. Direct-Mailing: Der Werbebrief

»Wir sind der größte Anbieter am Ort und erlauben uns, eine sensationelle Neuheit vorzustellen.«

»Unsere neuen, repräsentativen Räume eröffnen wir am ...«

Wer seinen Werbebrief mit einer solchen Einleitung beginnt, programmiert den Misserfolg. Beide Einleitungen sind nur aus der Sicht des Schreibenden formuliert und laden kaum zum Weiterlesen ein. Doch genau darauf kommt es an: Der Brief muss den Empfänger neugierig machen und zum Weiterlesen animieren.

Sekunden entscheiden über den Erfolg

Diese Entscheidung fällt innerhalb weniger Sekunden. Erkennt der Leser keinen Vorteil für sich, wandert Ihr Mailing in den Papierkorb.

Ein guter Werbebrief wirkt wie ein normaler Geschäftsbrief und enthält *Briefkopf, personifizierte Anschrift, persönliche Anrede* und *Unterschrift*. Der Brief ist fester Bestandteil jedes Mailings. Versenden Sie niemals Unterlagen ohne Brief. Die Wahrscheinlichkeit einer Reaktion sinkt dramatisch. Wer einen Briefumschlag öffnet, erwartet einen Brief. Wenn Sie Unterlagen auf Abruf verschicken, ist eine Kurznotiz gerade noch tragbar. Ein Brief mit ansprechendem Text ist jedoch auf jeden Fall besser und zeigt dem Kunden Ihre Wertschätzung.

Welche Ziele lassen sich mit einer Direct-Mailing-Aktion erreichen?

Informationsziele:

- neue Produkte/Leistungen bekannt machen;
- Einladung zu Messen, Veranstaltungen;
- Hinweis auf Preiskorrekturen, Sonderaktionen;
- neuer Standort, Neueröffnung;
- Marktstudien, Tests.

Aktionsziele:

- Interessenten gewinnen;
- Anfragen produzieren;
- Verkauf;
- Suche nach Wiederverkäufern;
- Vorstellung neuer Mitarbeiter;
- Pflege von Schlüsselkunden;
- Aktivierung von Altkunden.

Soziale Ziele:

- Motivation von Partnern und Mitarbeitern;
- Senkung der Besuchsfrequenz.

4.1 Die Bedeutung der Personalisierung

Persönlich adressierte Werbebriefe haben in Betrieben die weitaus größte Chance, den Empfänger zu erreichen.

81 Prozent der persönlich adressierten Werbesendungen treffen, unabhängig von der Unternehmensgröße, beim Empfänger ein. Das ergaben Untersuchungen der Post. Bei guter Gestaltung kommt der personifizierte Werbebrief dem individuellen Einzelschreiben sehr nahe.

Nicht übertreiben!

Mehrfache Wiederholungen, wie: »... *das haben Sie, sehr geehrte Frau Schön, sicher schon festgestellt. Dieses Problem lässt sich leicht lösen, Frau Schön! Und nun, liebe Frau Schön, schicken Sie uns bitte ...*«, wirken auf den Empfänger einfach lächerlich.

Weniger ist mehr!

Vermeiden Sie nichtpersonalisierte Aussendungen. Auch Adresszusätze wie *Einkaufsleitung, Geschäftsleitung* werden den Erfolg Ihres Mailings nicht steigern. Lassen Sie telefonieren, um den Namen der Zielperson zu ermitteln. Den Gesprächsleitfaden hierfür finden Sie in Kapitel 3.2. Verschicken Sie lieber weniger Briefe und machen Sie diese so perfekt wie möglich.

Den meisten Menschen ist ihr Name außerordentlich wichtig. Deshalb können Sie nichts Besseres tun, als Ihren Brief mit dem Namen des Adressaten zu beginnen. Achten Sie dabei auf die richtige Schreibweise!

4.2 Regeln für den Brieftext

Kommen Sie schnell zur Sache! Ihr Brief soll nicht unterhalten, sondern verkaufen!

Zeigen Sie deshalb dem Briefempfänger möglichst schnell, welche Vorteile er aus Ihrem Angebot ziehen kann. Die ersten Sekunden entscheiden, ob er Ihren Brief zu Ende liest.

Beschreiben Sie echte Nutzenargumente, keine Produktvorteile.

Falsch: *schnurloses Bügeleisen*
Richtig: *überall unabhängig bügeln*

Falsch: *weltraumerprobte Pfannenbeschichtung*
Richtig: *nichts brennt mehr an*

Das Wichtigste im Leben eines Mailings ist ein stimmiger Einstieg.

Was den Kunden interessiert, muss am Anfang stehen. Wählen Sie leicht verständliche, aber aussagekräftige Worte, die den Leser fesseln. Betrachten wir dazu noch einmal die Negativbeispiele, mit denen das Kapitel begann. Besser formuliert würden sie lauten:

»Gestern noch auf der Messe, heute schon für Sie da: das neue System für ...«

»Nicht mehr meilenweit laufen. XYZ jetzt gleich um die Ecke.«

Je besser Sie Ihre Zielgruppe und deren Probleme kennen, desto besser können Sie auf sie eingehen.

Ein weiteres Beispiel: Selbst fahrende Taxi-Unternehmer sind mit zu viel Verwaltungsaufwand beschäftigt. Sie bieten eine Software an, die sich dafür einsetzen lässt.

»Warum holen Sie mit Extratouren nicht mehr Gewinn aus Ihrem Fahrzeug?«

Aus den USA kommt die AIDA-Formel für den erfolgreichen Briefaufbau nach folgendem Schema:

AIDA – nicht von Verdi

1. **A**ttention: Aufmerksamkeit wecken
2. **I**nterest: Interesse wecken
3. **D**esire: Bedarf wecken
4. **A**ction: Aufforderung zum Handeln

PHILIPS

Philips Industrial Electronics Deutschland GmbH

Philips Industrial Electronics Deutschland GmbH
Communication & Security Systems · Postfach 73 06 20 · D-22126 Hamburg

Communications & Security Systems

Mustermann Aktiengesellschaft
Herrn Max Mustermann
Musterstraße 12

66666 Musterstadt

Ihr Zeichen | Unser Zeichen/Hausruf | Datum

Headline

Wir suchen Tester, die neugierig genug sind, Neues auszuprobieren.

Sehr geehrter Herr Mustermann,

Problem definieren

Sie wissen selbst, daß es auf jedes Wort ankommt, wenn Vertriebsstrategien und Sollvorgaben verabschiedet werden oder Kundenworkshops und interne Sitzungen sich jagen: Immer wird mit der Sprache kommuniziert. Es kommt auf jedes Wort, ja auf Nuancen an.

Kundennutzen hervorheben

Philips Kongreß-Technik umfaßt schon seit langem vieles, was modernste Technik zur Unterstützung des Konferenzgeschehens zu leisten vermag. Der Erfolg hat uns jedoch nicht ruhen lassen: Das neue CSS 410-System vereinfacht jetzt die Bedienung. Der Tastendruck zum Einschalten des Mikrofons entfällt. Alles geht jetzt automatisch und bedienungsfrei. Diese neue Technik bringt die Konzentration auf das Wesentliche und die Inhalte, was besonders diejenigen begrüßen werden, die weniger mit der Technik vertraut sind.

Aufforderung zum Handeln

Wir möchten, daß Sie das CSS 410-System testen. Kostenlos und ohne Verpflichtung. Auf der Rückseite des beiliegenden Blattes ist schon alles für den ersten Schritt vorbereitet. Wenn Sie uns gleich anfaxen, wissen Sie schon bald, wie Meetings noch etwas effektiver werden können.

Mit freundlichen Grüßen
Philips Industrial Electronics
Deutschland GmbH
Communication & Security Systems

lesbare Unterschrift

Gerlinde Funk

Gerlinde Funk
- Marketing -

Interessante Fußnote

Für unsere Tester halten wir ein "Dankeschön" bereit: den Euro-Disney-Führer.
157 Seiten voller Informationen über die neue Attraktion.

Musterbrief

Checkliste Briefgestaltung

- ○ Die Headline muss griffig sein und Interesse wecken.
- ○ Persönliche Ansprache: unbedingt auf die richtige Schreibweise des Namens achten.
- ○ Wecken Sie positive Gefühle, Neugier.
- ○ Machen Sie den Anwendernutzen ganz deutlich.
- ○ Lassen Sie die Konkurrenz aus dem Spiel.
- ○ Vermeiden Sie unnötige Statements, Worthülsen und textlichen Müll.
- ○ Halten Sie die Textmenge gering. Kurze Sätze fördern die Lesefreundlichkeit.
- ○ Unterschreiben Sie lesbar. Setzen Sie Ihren Namen gedruckt unter die Unterschrift oder in den Briefkopf.
- ○ Machen Sie das Reagieren leicht. Bereiten Sie die Antwort vor.
- ○ Formulieren Sie eine interessante Fußnote. Sie ist so wichtig wie die Headline, weckt nochmals Interesse und steht unter der Unterschrift.
- ○ Bleiben Sie glaubwürdig. Versprechen und Realität müssen deckungsgleich sein.
- ☑ Zutreffend?

Beispiele Brief-einstieg

Beispiele für einen zielgruppengerechten Briefeinstieg:

Produkt: *Video-Überwachungssystem*

1. Zielgruppe: Ärzte
Überschrift: *Wer vorbeugt, ist sicher!*
Praxen und Labore haben ein besonderes Sicherheitsproblem. So manches Medikament, das aufbewahrt wird, ist in gewissen Kreisen sehr begehrt. Da ist es gut zu wissen, wer Einlass wünscht. Eine diskret im Eingangsbereich installierte Kamera zeigt Schwester Erika an, dass sie den Türöffner betätigen kann.

2. Zielgruppe: Hotel
Überschrift: *»Aus« der offenen Tür*
Der Empfang erreicht den Höhepunkt. Stimmengewirr, Gläserklirren, Lachen. Der Küchenchef meldet: »Fertig.« Die Eingangstür klappt. Der Gast von 104. Oder doch nicht?

Hotels und Personen sind immer öfter Ziel ungebetener Gäste. Ein Ärgernis, das dem guten Ruf des Hauses beträchtlich schaden kann.

3. Zielgruppe: Läden
Überschrift: *Langfingers Chancen sinken*
Langfingers Aktivitäten verursachen Jahr für Jahr Verluste in Milliardenhöhe. Ladendiebstahl steht besonders häufig auf der Tagesordnung. Beileibe kein Kavaliersdelikt. Ein Ärgernis!

skanbo

Das dänische »Natur« Möbelhaus

SKANBO • IM GLEISDREIECK 17 • 23566 LÜBECK

Frau
Böttcher
Bahnhofstr. 18

23847 Kastorf

Lübeck, im März 1996

Ein Frühlingsgedicht

Frühling läßt sein blaues Band
wieder flattern durch die Lüfte.
Süße, wohlbekannte Düfte
streifen ahnungsvoll das Land.

Schöne Möbel für den Garten,
damit müssen Sie nicht warten.
Wie Sie im Prospekt schon seh'n:
sie sind wirklich wunderschön.

Massiv, beständig, wetterfest,
ein Gedicht für jedes Fest.
Es wird Winter, kein Problem,
man läßt sie einfach draußen steh'n.

Doch auch drinnen scheint die Sonne,
bei den Preisen, welche Wonne.
Wohnen, Schlafen und auch Essen,
jedem Geldbeutel angemessen.

Starkes Holz zu kleinen Preisen,
daß es geht, wir hier beweisen.
Aus unserem Ideen Journal,
treffen Sie die richtige Wahl.

Die Auswahl in unseren Räumen,
erfüllt bestimmt auch Ihre Einrichtungsträume.
Ob Möbel, Kunstgewerbe oder Licht
Skanbo Möbel sind ein Gedicht......

Sehr geehrte Frau Böttcher,

haben wir Sie eingestimmt auf den Frühling?
Dann kommen Sie uns einfach besuchen, denn bei uns blüht der Frühling in schönen Farben ...

Wir wünschen Ihnen schöne Ostertage und verbleiben,

mit fröhlichen Grüßen
Skanbo

Carsten Bliddal

Der ganz andere Werbebrief: Ein Gedicht!

Geschäftsführung

Horst Siedle

S. Siedle & Söhne
Telefon- und
Telegrafenwerke GmbH

Bregstraße 1 · Postfach 20
D-7743 Furtwangen 1
Telefon: 07723/63-0
Teletex 17/772389
Fax 3a 07723/63300

August . . .
hs-se

Sehr geehrter

Erfolge waren für uns noch nie ein Grund, die Hände in den Schoß zu legen. Im Gegenteil, nichts hat uns mehr begeistert als die überaus erfreulichen Ergebnisse der bisherigen Siedle-Aktion "Alt raus - Neu rein" und "Handwerker - Heimwerker ... gegeneinander oder miteinander?", die wir gemeinsam durchgezogen haben!

Weitermachen heißt also für uns und sicher auch für Sie die Lösung.

Unser Motto "Mehrwertinstallation mit Siedle" zeigt den Weg. Erhebliche, noch ungenutzte Umsatzchancen liegen im Bereich der integrierten Hauskommunikation. Ihren Kunden jedoch fehlt das Wissen um die vielen Möglichkeiten, die sich ihm heute mit Systemen von Siedle bieten. Dagegen wollen wir etwas tun - mit einer maßgeschneiderten Aktion!

Die Chancen waren nie besser. Die Nachfrage Ihrer Kunden im Markt der Hauskommunikation wird mehr denn je geprägt vom Wunsch nach mehr Komfort, klaren Qualitätsvorstellungen und - nicht zuletzt - individuellen Gestaltungswünschen.

Entnehmen Sie bitte den beiliegenden Unterlagen, wie wir gemeinsam aktiv werden wollen. Wenn Sie auch diesmal wieder dabei sind, würde mich das besonders freuen!

Auch weiterhin auf gute Zusammenarbeit und viel Glück bei unserem Aktionswettbewerb.

Mit freundlichen Grüßen

Handelsregister Villingen
HRB 909 DO

Die Geschäftsleitung schreibt. Wichtig!

Der Briefbogen

Eine der ersten Fragen, die sich der Leser stellt, lautet: Wer schreibt mir? Im Briefkopf findet er die Antwort. Allerdings meist noch vieles mehr: Bankverbindung, Handelsregisternummer, Geschäftsführer, Bahnstation und Gerichtsstand! Befreien Sie Ihren Briefbogen für Werbebriefe von allem unnötigen Text! Lassen Sie eine kleine spezielle Auflage Firmenpapier nur für Werbebriefe drucken.

Datum

Setzen Sie unbedingt ein Datum ein: *20. August 1997*, nicht: *Datum des Poststempels* oder *Im August 1997*. Damit werten Sie Ihren Brief ab.

»Dieser Brief ist per EDV erstellt und wird deshalb nicht unterschrieben.«

Unterschrift ist ein Muss

Ist Ihnen diese Zeile so oder ähnlich auch schon begegnet? Als wenn die Erstellung per EDV ein plausibler Grund wäre, einen Brief nicht zu unterschreiben! Bei Werbebriefen ist die lesbare Unterschrift ein absolutes Muss. Bei größeren Auflagen können Sie sie täuschend echt (blaue Tinte) eindrucken lassen. Verzichten Sie auf keinen Fall auf die Unterschrift!

Leseverlauf

Prof. Siegfried Vögele, der deutsche »Direktmarketing-Papst«, hat mit einer Augenkamera testen lassen, wie ein Brief gelesen wird. Das Ergebnis:

Blickverlauf des Lesers:

1. Briefkopf:	Wer ist der Absender?
2. Adressfeld:	Brief für mich bestimmt
3. Headline:	Worum geht es? Vorteilhaft?
4. Unterschrift:	Wer genau schreibt mir?

Ihr Werbebrief ist mit der Unterschrift nicht am Ende! Sie brauchen noch einen starken Schlusssatz, der neugierig macht (nach dem Motto »Fast hätten wir's vergessen«):

Schlusssatz

»Die Teilnahme ist für Sie natürlich kostenlos.«

»Die ersten 100 Einsender erhalten ein handsigniertes Exemplar.«

»Ihr Finanzamt erkennt Ihre Ausgaben als abzugsfähig an.«

»Der Absender muss wohl Wichtiges zu sagen haben«, mag ein Anreiz zum Anlesen eines mehrseitigen Mailings sein. Doch wehe, es ist nicht genügend Substanz vorhanden, den Leser über mehrere Seiten zu fesseln. Dann wird aus Neugier ganz schnell Verärgerung: »Da versucht jemand meine Zeit zu stehlen.« Ein mehrseitiger Werbebrief ist ein dramaturgisches Kunstwerk. Es gibt nur ganz wenige positive Beispiele.

Mehrseitige Briefe?

Julius Cäsar schrieb nicht: »Nach erfolgter Ankunft und Besichtigung der Verhältnisse war die Erringung des Sieges möglich«, oh nein, er fasste sich kürzer: *»Ich kam, sah und siegte!«* **

In der Kürze ...

Wenn Sie Ihren Text fertig haben, legen Sie ihn für eine Nacht beiseite. Lesen Sie ihn am nächsten Tag laut. An den Stellen, die holpern, müssen Sie Korrekturen anbringen.

** J. H. Bürger, Werben wie die Profis, Landsberg 1986.

Verwenden Sie beim Texten vorzugsweise vokalreiche Worte und vermeiden Sie Zischlaute und Wiederholungen. Zu Ihrem Handwerkszeug sollte ein Synonymwörterbuch gehören. Es hilft schnell, wenn Sie an einer Stelle »hängen«.

Wenn den Leser alle Punkte Ihres Briefes positiv stimmen, Vorteile für ihn erkennbar werden, wird er sich genauer mit Ihrem Angebot befassen.

4.3 Wie entscheidend die Lesefreundlichkeit ist

Die äußere Gestaltung des Briefes hat wesentlichen Einfluss auf das Leseverhalten des Empfängers.

Schrift und Satz

Wählen Sie auf Ihrem PC eine Schrift, die der Schreibmaschinenschrift möglichst nahe kommt. Satzschrift (Blocksatz) wirkt wie Zeitungstext und stört den Briefcharakter. Der *Flattersatz*, das Gegenteil vom Blocksatz, gibt dem Auge Halt und verhindert das Abgleiten in die falsche Zeile.

Kursiv- und Schreibschriften sind überwiegend schlecht lesbar. Sie eignen sich allenfalls, wenn Gräfin Soundso ihren hochpreisigen Wein vermarktet.

Kurze Absätze laden eher zum Lesen ein als lange. Vier bis fünf Zeilen sind optimal. Die Zeile sollte *55 Anschläge* haben, das sind etwa 15 cm Textbreite. Schreiben Sie in *normalem Zeilenabstand* und vermeiden Sie Trennungen.

Wenn Sie doch trennen müssen, tun Sie es richtig:

Abteil-tür	nicht	Abt-eiltür
Pop-organist	nicht	Popor-ganist
Vereins-amt	nicht	Verein-samt
Spargel-ernte	nicht	Spar-gelernte

Achtung: Scherze vom Kollegen Computer!

Vorteile werden durch Unterstreichungen oder **Fettdruck** hervorgehoben. Solche Hervorhebungen werden gern zuerst gelesen bzw. überflogen. Und die Vorteile sind es ja, die zuerst kommuniziert werden sollen.

Übrigens sollten Sie mit dem Wort »Vorteil« sparsam umgehen. Zu oft betont, liegt die Frage *»Und wo ist der Nachteil?«* förmlich auf der Zunge.

Den Lesefluss hemmen außerdem:

- g e s p e r r t G e s c h r i e b e n e s ;
- UND WEIL WIR VON KIND AUF AN GROSS UND KLEINBUCHSTABEN LESEN, HABEN WIR SCHWIERIGKEITEN MIT TEXTEN, DIE IN REINEN VERSALIEN GESCHRIEBEN SIND.

4.4 Wie Sie einen geeigneten Aufhänger finden

Ihr Mailing hat die Funktion einer Flagge, mit der Sie sich in dem »Meer« der Anbieter bemerkbar machen. Sie muss auffallen, sonst erleiden Sie Schiffbruch und gehen unter. Wenn das Kundenschiff allerdings gar nicht vorbeikommt, nützt die schönste Flagge nichts. Niemand wird Sie sehen.

Der richtige Zeitpunkt

Wann ist der richtige Zeitpunkt, um sich mit einem Mailing bemerkbar zu machen? Es liegt auf der Hand, dass es schwierig ist, Menschen während einer sommerlichen Hitzewelle für Wintermäntel zu begeistern. Für die meisten Produkte und Leistungen gibt es *saisonbedingte Anlässe*, die teilweise auch einen Vorlauf benötigen.

Beispiele:

Gartenmöbel, Fahrrad	Januar/Februar. Kaufentscheidung fällt im Frühjahr. Man kann es ja kaum noch erwarten!
Immobilien auf Mallorca	November/Dezember. Wenn der Frost klirrt, träumt man vom Sommer.
Sicherungsanlage für Eigenheime	August/September. Bevor die Tage wieder kürzer werden.
	April/Mai. Vor der Urlaubsreise.
	Jeweils vor »Langfingers« Saison.
Investitionsgüter geringwertig, schnell lieferbar	November: Jahresendgeschäft bei Behörden (Budgets) und Endkunden wegen steuerlicher Abschreibung.

Viele Anlässe bietet auch der Kalender: Nikolaus, Ostern, Pfingsten, Urlaubsbeginn, 3. Oktober.

Sie vermissen Weihnachten? Sollte man nicht Grüße an Kunden senden? Nein, danke! Weihnachten ist das private »Fest der Liebe«, jeder wünscht sich besinnliche Stunden, ist den Stress satt oder entflieht dem Rummel durch eine Reise. Das ist kein geeigneter Zeitpunkt, um Geschäftskontakte aufzubauen oder zu pflegen. Auch wenn Sie meinen, schnell noch etwas von sich hören lassen zu müssen: Lassen Sie es sein!

Weihnachten?

Ihre gut gemeinte Post verschwindet zwischen den Massen, die die Briefkästen verstopfen. Spätestens am 6. Januar richten wir den Blick nach vorn. Ihr Gruß wird nicht mehr erinnert. Ähnlich verhält es sich übrigens mit der Flasche Wein, die Sie noch schnell geschickt haben.

Nur die Post profitiert

Pfingsten beginnt die Wassersportsaison, Spargel und Erdbeeren werden reif, der Urlaub rückt näher. Da ist es sicher nicht schwer, die »textliche Kurve« zu kriegen.

Umstellung Sommer/Winterzeit: Die Abende werden länger. Zeit, ein Buch zu lesen, die Urlaubsfotos zu archivieren oder Haus und Auto winterfest zu machen.

Gute Anlässe sind auch die *persönlichen Daten* Ihrer Kunden/Interessenten: Jubiläen, Geburtstage, Geschäftseröffnung, Berichte über Ehrungen, Erfolge usw.

Außerdem gibt es noch die vielen großen und kleinen Ereignisse, die genutzt werden können, insofern Sie mit Ihrer Aktivität in Zusammenhang stehen: die Olympischen Spiele, der Jahrestag der Mondlandung, die erste Fernsehübertragung oder ein runder Geburtstag von Einstein. Bemühen Sie Ihr Lexikon oder eine Chronik: Sie werden etwas Passendes finden.

Wettbewerbsanalyse

Aufhänger können sich auch aus der Wettbewerbssituation ergeben. Den geeigneten Aufhänger finden Sie, wenn Sie eine sorgfältige Analyse machen:

Wettbewerber	Ihr Vorteil gegenüber dem Wettbewerber	Wertung	Ihr Nachteil gegenüber dem Wettbewerber	Wertung
Kruse u. Co.	Standort günstiger	A	Preissituation	A
	Auswahl größer	C	Höhere Kosten	A
	Image	B	In zu vielen Abnehmergruppen tätig	C
	Werkstatt	B		
Jacob an der Ecke	Vertetung mehrerer Fabrikate	B	Produkt des Marktführers beim Konkurrenten	A
	Flexibilität für den Kunden	A	Werbeunterstützung des Herstellers	A
	Schulungsangebot und Nachbetreuung	A		

Bewerten Sie die Wichtigkeit, bezogen auf die Kundengruppe:

A: sehr wichtig B: wichtig C: unbedeutend

Ziehen Sie Ihr (ehrliches) Fazit und legen Sie die Strategie fest.

Beispiele für Ergebnis und Umsetzung:

- *Lieferfähigkeit*
  Sie können im Gegensatz zur Konkurrenz sofort liefern (Beispiel Autotelefon):

»Schon morgen treffen Sie Ihre Entscheidungen per Autotelefon.«

- *Preis*
  Sie sind teurer, bieten aber besseren Service:
  »Warum es manchmal billiger ist, etwas mehr auszugeben.«

4.5 Zehn Beispielbriefe: Optische und dreidimensionale Elemente fordern Aufmerksamkeit!

... wenn Sie unsere Einladung zu einer regelmäßigen Information "rund um die Küche" annehmen. Wir möchten Ihre Adresse speichern, damit Sie von uns kostenlos Tips, Anregungen und Hinweise zu neuen Techniken bekommen können.
Zum Beispiel:

- wie Sie den Energieverbrauch Ihrer Elektrogeräte kontrollieren
- durch das Küchenjournal: 50 Seiten mit vielen vorteilhaften Hinweisen
- über neue Trends in der Küche: Design, Farben und Details

Wir verlosen 50 Schmuckdosen unter den Einsendern der Antwortkarte. Deshalb füllen Sie die Karte am besten gleich aus und schicken sie ab.
Spätestens aber bis zum 12. Mai !

Garantie:

Ihre Adresse wird von uns nicht weitergegeben.

Es erfolgt kein unerwünschter Besuch, es sei denn, Sie rufen uns ausdrücklich.

Wir sehen Sie als Interessenten. Wann Sie unser Kunde werden liegt ganz bei Ihnen.

Küchen-Team
ALLES AUS EINER HAND

Ja, ich will regelmäßig informiert werden.

Die Information ist kostenlos und ich kann jederzeit widerrufen.

Hier ist meine Anschrift:

Name: ____________________

Vorname: ____________________

Straße: ____________________

PLZ und Ort: ____________________

PHILIPS

Philips GmbH

Philips GmbH UB Elektronik für Wissenschaft und Industrie
Postfach 73 05 20 · D-2000 Hamburg 73

Herrn
Cäsar Mustermann
Fantasiestraße 2

1111 Musterstadt

Ihr Zeichen | Unser Zeichen/Hausruf

Sehr geehrter Herr Mustermann!

Wir tragen dazu bei, daß Sie die nächste Konferenz etwas früher schließen können ...

... um die ebenso wichtigen informellen Kontakte zu pflegen. Den Zeitgewinn bringt Ihnen die Diskussionsanlage CCS 400. Es ist schwer, alle Vorteile mit wenigen Worten zu beschreiben: CCS 400 ordnet Wortmeldungen, aktiviert Teilnehmer, läßt aufhorchen, diszipliniert Störer, protokolliert automatisch, beschallt Nebenräume und, und, und ...

Das muß man einfach erleben! Deshalb wenden wir uns heute mit einem besonderen Angebot an Sie: Zu Ihrer nächsten Sitzung stellen wir Ihnen ein System zum Ausprobieren auf. Dann können Sie CCS 400 in aller Ruhe in der Praxis testen. Kostenlos und ohne Verpflichtung.

Für CCS 400 gilt zwar das Sprichwort: "Konferieren geht über studieren". In der beiliegenden Information finden Sie aber schon einige Details.

Wir freuen uns, wenn Sie die Einladung zu einer kostenlosen Probe annehmen. Am schnellsten geht das, wenn Sie den Antwortbogen gleich ausfüllen und zurückschicken. Per Post oder per Fax.

Mit freundlichen Grüßen

Philips GmbH
Audio-Video-Systeme

K.-U. Benthack

Der kostenlose Auf- und Abbau macht keine Umstände wie Lärm oder Dreck und ist völlig unkompliziert.

Direktwerbung

Durchdacht · Detailliert · Direkt

Drei-D Direktwerbung
Daimlerstraße 10
Postfach 12 40
2200 Elmshorn

ZENTRALE 04121/476-0
FAX Büro 04121/476-147
FAX Versand 04121/476-157

DREI-D DIREKTWERBUNG GMBH · DAIMLERSTRASSE 10 · 2200 ELMSHORN

Herrn
Kai-Uwe Benthack
c/o Philips GmbH
Audio-Video-Systeme
Meiendorfer Str. 205

2000 Hamburg 73

14.08....

DIREKTWERBUNG RECHNET SICH.

Sehr geehrter Herr Benthack,

ein immer härter werdender Verdrängungswettbewerb macht die Kundenpflege zum entscheidenden Faktor für ein Unternehmen.

Überraschen, informieren, betreuen, befragen Sie Ihre Zielgruppe auf dem direkten Weg.

Mit minimalem Streuverlust bei maximaler Effizienz.

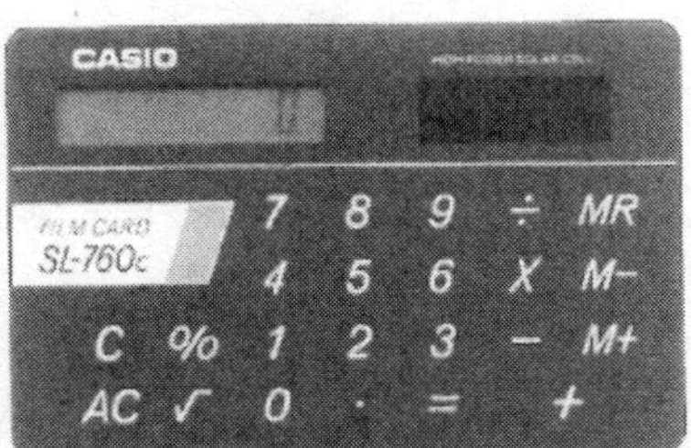

Direktwerbung mit Drei-D.
Jetzt noch besser, schneller, günstiger.

Drei-D hat seine Produktion um zwei Hochleistungsmaschinen erweitert, die eine Direktwerbeaktion - so wie diese zum Beispiel - noch lohnender machen. Denn je nach Aufgabenstellung können wir Ihnen jetzt mehr Leistung bieten bzw. die Kosten senken. Für Ihre zielgerichtete Kundengewinnung und -betreuung.

K.M.+PARTNER

MARKETING · KOMMUNIKATION · DIALOG · ENTWICKLUNG

K.M. + PARTNER GmbH · An der Alster [illegible] · 2000 Hamburg 1

Philips GmbH UB Elektronik
für Wissenschaft und Industrie
Herrn Benthack
Meiendorfer Str. 205

2000 Hamburg 73

Hamburg, 06.08.19...
MK/AR

Sehr geehrter Herr Benthack,

Sie lassen sich gute, eingängige Kommunikation gern auf der Zunge zergehen. Doch im Tagesgeschäft sind solche Süßigkeiten eher selten.

Wir bieten Ihnen daher einen BONBON als Geschenk. Warum?

Um Ihnen heute ein Vergnügen mit diesem Mailing beim Durchsehen der Post zu vermitteln - Ihren persönlichen Geschmack zu treffen.

Erfolgreiche Kommunikation mit dem Markt macht Spaß - dem Marketing/Vertrieb ebenso wie den Zielpersonen. Dafür stellen wir neben Know-how, Ideen und Erfahrung alle Instrumente bis hin zum Telemarketing zur Verfügung.

Ihr Interesse lohnt sich. Fordern Sie einfach unsere Unterlagen an. Rufen Sie uns an oder nutzen Sie die beiliegende Fax- und Antwortkarte. Stichwort BONBON!

Mit freundlichen Grüßen

Michael Kohl

K.M.+PARTNER

MARKETING · KOMMUNIKATION · DIALOG · ENTWICKLUNG

K.M. + PARTNER GmbH · An der Alster 30 · 2000 Hamburg 1

Philips GmbH UB Elektronik
für Wissenschaft und Industrie
Herrn Benthack
Meiendorfer Str. 205

2000 Hamburg 73

Hamburg, 14.07. . . .
MK/KO

Sehr geehrter Herr Benthack,

wir freuen uns, Ihnen den ersten Lorbeer für Ihre Verdienste um Ihr Unternehmen zusenden zu können.

Wie kommen Sie dazu?

Natürlich durch Ihre Leistungen und Ihr Engagement. Und durch die Möglichkeit, mit uns einen kompetenten Partner für Kommunikation kennenzulernen.

Wir unterstützen Sie gewissenhaft und flexibel in der Marktbearbeitung und dem Vertrieb: Konzeption, Anzeigen, Direct-Mail und Telefon-Marketing. Oder Sie möchten die Telefon-Arbeit Ihrer Mitarbeiter optimieren.

Fordern Sie unsere Leistungsübersicht an. Interesse lohnt sich. Rufen Sie einfach an oder schicken uns ein Fax oder die Karte (liegt bei) zurück. Stichwort LORBEER!

Mit freundlichen Grüßen

Michael Kohl

Stadthalle Rosenheim

Stadthalle Rosenheim · Kufsteiner Straße 4 · 8200 Rosenheim

Bühneneingang und Anlieferung: Salinstraße
Telefon: 08031/3001-0 · Telefax: Stadthalle 3001-63
Durchwahl -24 Lokschuppen 3001-64

Rosenheim, 14.10
sg/mo

DER KONGRESS STEIGT...

sehr geehrte Damen und Herren,

...wenn Sie das Seil packen, das wir Ihnen aus Rosenheim zuwerfen. Das Stadthallen-Team zieht mit Ihnen an einem Strang, damit Ihr Kongreß, Ihre Messe oder Präsentation in jeder Hinsicht ein Gipfeltreffen wird.

Alles aus einer Hand - unser Full-Service-Angebot möchten wir Ihnen auf der

Management & Marketing Services '91
vom 23. bis 26.10.1991
auf dem Messegelände Frankfurt

präsentieren. Rufen Sie mich doch unter der Telefon-Nr. 069/7441815 an oder besuchen Sie mich am VDSM-Stand, Halle 9.1/ D 21.

Sollten wir uns dort nicht treffen können, dann vielleicht in Rosenheim? - Bergssteigen und Klettern sind nur ein Beispiel der zahlreichen Möglichkeiten, die wir rund um Ihre Veranstaltung in Rosenheim inszenieren können.

Fax oder Karte genügt - und Sie erfahren mehr.

Mit freundlichen Grüßen
STADTHALLEN GMBH ROSENHEIM

i.A. Stefanie Görner
Veranstaltungs-Marketing

Presse
Werbung
Rechnung
Angebot

b plus b
Direktmarketing

b plus b Gesellschaft
für Direktmarketing mbH

Postfach 610 270
Paul-Sorge-Straße 142
W-2000 Hamburg 61
Telefon (040) 551 00 84
Fax (040) 551 61 22

14.05.19...

Sehr geehrter Herr Kerger,

profitieren Sie von Ihrem Direktmarketing-Beratungszentrum in Ihrer Nähe.

Bei allen Direktmarketing-Fragen finden Sie ganz <u>in Ihrer Nähe</u> die kompetenten Gesprächspartner, die Ihnen Rede <u>und Antwort</u> stehen.

Ob es sich um die <u>Konzeption</u> Ihrer Direktmarketing-Maßnahme, die Beschaffung <u>maßgeschneiderter Adressen</u> oder um die <u>Produktion</u> und <u>Weiterverarbeitung</u> Ihrer Werbebriefe und Prospekte geht – wir beraten Sie gern.

Nutzen Sie dieses fundierte und für Sie unverbindliche Beratungsangebot, und profitieren Sie von unserem Erfahrungsschatz aus vielen Direktmarketing-Aktionen.

Rufen Sie einfach Ihre Experten von b plus b Direktmarketing an. Schildern Sie Ihre Aufgabenstellung oder vereinbaren Sie einen Besprechungstermin.

Wir freuen uns auf Sie.

Mit freundlichen Grüßen

b plus b Direktmarketing
Beratungszentrum Hamburg

A. Kasten

Annegret Kasten　　　　Wolfgang Kielmann

PS: Bitte kleben Sie die beiliegenden Aufkleber in Ihr Telefon-Verzeichnis. Sie haben die richtige Adresse für erfolgreiches Direktmarketing immer zur Hand.

Fachvertretung der Philips GmbH
Gesch.-Bereich Audio-Video-Systeme
Sprechanlagen

Sprechanlagen
Elektroakustik
Personen-Suchfunk

Böhme Nachrichten-Technik

Oluf Böhme · Nachrichtentechnik · Neue Straße 38 · 2071 Siek

Siek, Mai 19...

EINLADUNG

Bitte vormerken und rot anstreichen: 29. Mai 19...

zu diesem Termin haben wir das Seminar

"Praxis der betrieblichen Intercom-Technik"

vorbereitet. Sein Sie ein Tag unser Gast und hören Sie, was wir zu sagen haben. An der Praxis orientierte Referate und Produktvorführungen informieren Sie über konkrete Einsatzmöglichkeiten. Wenn auch der Aufbau des Fernmeldenetzes in den neuen Bundesländern zur Zeit Priorität hat: mit dem Einbau moderner Nebenstellenanlagen in den Unternehmen muß die zweite Kommunikationsebene entstehen, damit der "Fernsprecher" seine Aufgabe erfüllen kann.

Der Veranstaltungsort:	Hotel Stadt Schwerin Grunthalplatz (direkt am Bahnhof) 2758 Schwerin
Der Termin:	Mittwoch, 29. Mai 19... Beginn 10.00 Uhr, Ende gegen 16.30 Uhr
Das Programm:	liegt zu Ihrer Information bei

Bitte nehmen Sie unsere Einladung an.
Es erwartet Sie ein informationsreiches Seminar, keine Verkaufsveranstaltung.
Ihre Anmeldebestätigung benötigen wir möglichst bald, damit wir für das "leibliche Wohl" vorplanen können.

Sind Sie dabei? Wir freuen uns auf den 29. Mai.

Mit freundlichen Grüßen
Böhme Nachrichtentechnik

Oluf Böhme

"Böhme Aktuell" verteilen wir periodisch an Anwender und Planer. Die beiliegende Ausgabe 3 gibt Ihnen schon einen kleinen Einblick in unser Seminarthema.

PHILIPS

Philips Communication & Security Systems

Philips Industrial Electronics Deutschland GmbH
Communication & Security Systems · Postfach 73 06 20 · D-22126 Hamburg

Communication & Security Systems

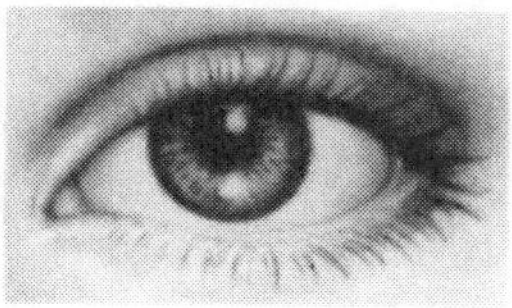

Ihr Zeichen | Unser Zeichen / Hausruf | Datum 8. Juli 19...

Sollte man den Videomarkt im Auge behalten ?

Ein wachsames Auge ist heutzutage in vielen Bereichen angebracht. Statistiken zeigen es und Zeitungsberichte melden täglich: Ladendiebstähle, Einbrüche, Vandalismus nehmen zu. Das Schutzbedürfnis Ihrer Kunden wächst.

Videosysteme sichern das Eigentum Ihrer Kunden. Zu Hause oder in den Geschäftsräumen. Die Philips Komplettsets sind dafür geschaffen, preiswert und leicht zu installieren. Sie bringen Ihnen zusätzliche Umsätze in diesem interessanten Markt.

Philips hat für den Elektrofachhandel einen neuen Vertriebszweig geschaffen. Weil nicht nur der Videomarkt boomt, nehmen wir in Kürze Beschallungssysteme und Sprechanlagen in dieses spezielle Programm auf. Als Partner des neuen Bereiches haben Sie zunächst Zugriff auf zwei Videosets. Sie sind auf dem beiliegenden Blatt beschrieben.

Sichern Sie sich Ihren Anteil an diesem lukrativen Markt. Mit dem Beileger können Sie direkt bestellen oder weitere Informationen abfordern. Melden sollten Sie sich auf jeden Fall.

Ich wünsche Ihnen ein erfolgreiches Geschäft. Mit Philips.

Kai-Uwe Benthack
Vertriebsleitung Handel

CKS
Immobilien GmbH

CKS GmbH · Mittelweg 118 · 20148 Hamburg

Herrn
Peter Kerger
Bahnhofstr. 18

23847 Kastorf

Nur noch 99 Tage bis Weihnachten!

Sehr geehrter Herr Kerger,

es kommt noch genug Streß auf Sie zu. Deshalb ist es jetzt wirklich an der Zeit, an Ihre Immobilie zur Sicherung Ihrer Steuervorteile für 19... zu denken!

Für diesen Anlaß können wir Ihnen jetzt noch eine große Auswahl lukrativer Immobilien-Angebote offerieren.

Schicken Sie uns Ihren Wunschzettel:

Immobilien-Wunschzettel

Lage: ______________

Größe: ______________

max. Kaufpreis: ______________

gewünschter Steuervorteil:

____

sonstige Wünsche:

____

Mit freundlichen Grüßen

Jürgen Lamm

Hier Antwortkarte entnehmen!

Philips GmbH
UB Elektronik für Wissenschaft
und Industrie
Herrn Peter Kerger
Postfach 73 03 70

2000 Hamburg 73

Woher nehmen ...,

die richtigen Firmenanschriften mit Top Qualität? Wir von Schober wissen da nicht nur eine Möglichkeit. Mehr zum Thema verrät die neueste Ergänzung zum 'Kompaktwissen zur Direktwerbung'. Am besten per Antwortkarte anfordern.

Kostenlos und trotzdem sehr nützlich!

Mit freundlichem Gruß
Schober Direktmarketing

Guido Zinsler
Leiter Unternehmensbereich
Business to Business

PS.: Wenn Sie weder Lust noch die Zeit haben, eigene (Datei)wege zu gehen, um Ihre Datenbank aufzubauen, - wir liefern Ihnen auch gerne Einzeldaten (wie Tel.Nr., Branchen) zur Anreicherung Ihrer Datei oder gleich komplette Zielgruppen.

Anlage:
- Antwortkarte (oben bitte seitlich rausziehen)
- Katalogseite 2 und 404 mit Informationen zur Adressengewinnung bei Schober.

Schober

Rufen Sie Ihr Schober-Beratungszentrum an:

KOMPAKT WISSEN DIREKT MARKETING

Eine Leistung von
Schober DIREKTMARKETING

Berlin	Hamburg	Düsseldorf	Frankfurt	Stuttgart	München
030/2628930	040/381227	0211/494073/74	069/748501/02	0711/881071	089/177071

4.6 Die Antwortkarte bringt die Rückläufe

Das Reaktionsmittel Ihres Mailings ist die Antwortkarte, Bestellkarte, Abrufkarte oder ein Brief/Fax-Antwortbogen. Der Fax-Antwortbogen hat sich bei Business-to-Business-Mailings als besonders erfolgreich herausgestellt. Er ist schneller und preisgünstiger als Brief oder Postkarte.

Machen Sie dem Empfänger die Antwort so leicht wie möglich. Lassen Sie einfach ankreuzen und bieten Sie ihm Alternativen:

○ Ja, ich möchte Ihr Angebot kennen lernen. Schicken Sie mir ...

○ Ja, wir besuchen Ihren Messestand am ________ mit _____ Personen.

○ Nein, wir können nicht kommen. Vereinbaren Sie einen Termin in unserem Hause mit:

____

Antwortkarten und -bögen werden nicht unterschrieben. Nur Bestellkarten müssen Sie mit Datum unterschreiben lassen. Verweisen Sie dabei unbedingt auf Risikolosigkeit: Rückgaberecht, Zahlungsziel usw.

Eine attraktive Headline kann die Rücksendebereitschaft fördern:
Test-Gutschein – Vorzugskarte – Informationsscheck – Gratis-Coupon
sind Beispiele dafür.

Porto zahlt Empfänger?

Porto zahlt Empfänger? Eher nicht! Bei Business-to-Business dürfen Sie erwarten, dass Ihr Angebot das Porto wert ist. Verwenden Sie Eindrucke wie: *»Bitte freimachen«* oder *»80 Pfennige, die sich lohnen«* Wenn Sie eine Frankierung verlangen, filtern Sie reine Prospektsammler heraus.

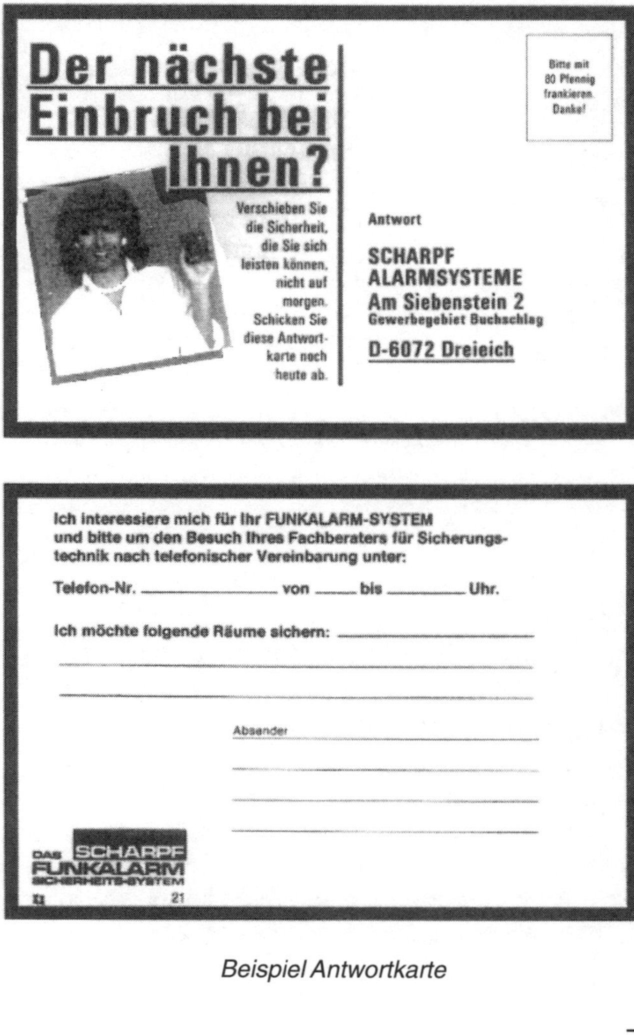

Beispiel Antwortkarte

Böhme Nachrichtentechnik
Neue Straße 38

2071 Siek

FAX
FAX
FAX
FAX

04107/9153

Bitte senden Sie uns das Video über Intercom - Sprechanlagen und Ihren ausführlichen Prospekt

Absender

Firma ______________________________

Ansprechpartner ______________________________

Position ______________________________

Straße ______________________________

PLZ /Ort ______________________________

Telefon ______________________________

Telefax ______________________________

Beispiel Fax-Antwortbogen

4.7 Die Herstellung Ihrer Werbebriefe

Kopieren tabu

Text als Kopiervorlage schreiben, Briefbogen in den Kopierer einlegen, und schon sind 100 Werbebriefe fertig. Anschrift und Anrede einsetzen und ab die Post? Vergessen Sie Ihren Kopierer für Werbebriefe, auch wenn er noch so leistungsfähig ist. Es wird Ihnen kaum gelingen, Anrede, Anschrift und weitere Variablen so einzusetzen, dass man es nicht sieht.

Das Textverarbeitungssystem Ihres PCs bietet so komfortable Möglichkeiten, Werbebriefe »à la carte« einschließlich Adresse, Anrede usw. auch in höheren Auflagen herzustellen.

Nutzen Sie Ihren PC

Ihr Kopierer kommt zum Einsatz, wenn Sie zum Beispiel vorher eine Zeichnung einkopieren möchten sowie zur Vervielfältigung des Antwortbogens.

Letter-shop

Auflagen von 200 bis 300 Briefen lassen sich mühelos schnell produzieren. Größere Auflagen realisieren Sie mit einem Letter-Shop (siehe »Gelbe Seiten«). Dort ist man auf Großauflagen spezialisiert.

Legen Sie für das Adressenmaterial eine separate Datei an. Sie brauchen sie für weitere Mailings und für Ihre Nachfassaktionen.

4.8 Warum 3 x 500 Aussendungen besser sind als 1 x 1.500

»Das habe ich dir schon dreimal gesagt!« – Die Abwandlung dieses Sprichwortes veranlasst uns, ein mehrstufiges Mailing zu entwerfen.

Einmal ist keinmal

Dabei müssen Sie Ihre Botschaft in mehreren Stufen interessant rüberbringen. Halten Sie gute Aufhänger in petto.

Nehmen wir als Beispiel das Mailing eines Weinversandes:

1. Aussendung: Brief mit aufgedrucktem Weinblatt
»Der '97er Bordeaux: Ein Jahrgang zum Einlagern. Unser Angebot für Sie.«

2. Aussendung:
»Paul Bocuse lief das Wasser im Munde zusammen. Er bezeichnete unser Angebot als ... Ist das nicht ein guter Grund, einige Flaschen beiseite zu legen?«

3. Aussendung:
»Viele haben von unserem Angebot bereits Gebrauch gemacht. Von Ihnen hörten wir bisher noch nichts. Dafür haben Sie sicher gute Gründe. Wir haben eine Bitte: Würden Sie uns einige Fragen beantworten? Sie erhalten dafür ein Dankeschön.«
(Weinbrevier, Flasche o. Ä.)

Fragen (Beispiele):
- ○ Ich habe meinen Lieferanten.
- ○ Ich trinke nur deutschen Wein.
- ○ Ich bin Biertrinker.
  usw.

Versenden Sie Ihr Stufenmailing im Abstand von einer Woche bis maximal 14 Tagen. Übrigens können Sie in Stufe 2 auch gut eine Postkarte einsetzen, zum Beispiel mit einem Bild praller, voller Trauben an einem Weinstock unter azurblauem, südlichem Himmel. Achten Sie einmal darauf, was passiert, wenn die Post aus dem Briefkasten geholt wird. Was wird zuerst gelesen? Richtig! Die Postkarte.

Guten Tag,

vor einigen Tagen erhielten Sie
unseren Ferienhauskatalog 1997

Noch haben Sie Gelegenheit als
Frühbucher 20 Prozent zu
sparen und zwischen den
schönsten Objekten zu wählen.

Haben Sie Fragen zu unserem
Angebot? Rufen Sie uns an!
Telefon: 0000 1111111
Sie erreichen uns abends bis
20 Uhr und auch am
Wochenende!

Ihre Sabine Schlau

Postkarte, Stufe 2 eines mehrstufigen Mailings

4.9 Die Post kassiert das meiste

Manche Unternehmen verzichten auf Mailings, weil den Verantwortlichen bereits bei dem Gedanken an das Porto das kalte Grausen packt.

Info-Post

Mit der »Info-Post« bietet die Post AG interessante Möglichkeiten zur Porto-Optimierung. Lassen Sie sich von der Post beraten. Man ist an Ihrem Mailing (Auftrag) interessiert. In jedem größeren Postamt gibt es einen Kundenberater, der für Sie die günstigste Möglichkeit austüftelt.

Machen Sie Ihr Mailing »leicht«. Legen Sie keine schweren Prospekte bei. Versenden Sie sie auf Anforderung. Als Beileger eignet sich sehr gut eine *Florpost* (Druck auf 30-Gramm-Papier) mit Ihren wesentlichen Nutzenargumenten.

4.10 Die Bedeutung der Briefhüllengestaltung

Neutrale oder gestaltete Briefhülle – welches Mailing ist erfolgreicher, bringt mehr Resonanz? Ein Streit, der die Gemüter erhitzt und quer durch alle Expertenebenen geht.

Befürworter eines neutralen Umschlags empfehlen eine 100%ige Angleichung an einen »normalen« Brief: Adresse, Briefmarke/Freistempler und allenfalls eine Absenderangabe.

Der Umschlag sei das wichtigste Element eines Mailings, meint eine andere Expertengruppe. Es signalisiert ehrlich: Dies ist eine Werbesendung mit Vorteilen für dich. Deshalb enthält die Briefhülle Headlines, Bilder, Argumente, Versprechen – also Elemente, die zum Öffnen und Lesen veranlassen.

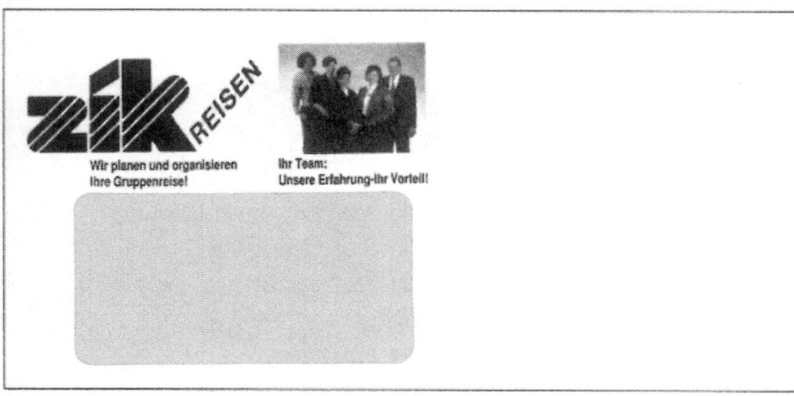

Gestaltete Briefumschläge

Was ist nun richtig? Entscheidend ist, an wen das Mailing geht. Größere und mittlere Unternehmen haben eine Poststelle oder jemanden beauftragt, die Post zu öffnen und zu verteilen. Es liegt auf der

Hand, dass es dabei nur darum geht, den richtigen Empfänger festzustellen. Aussagen auf der Briefhülle sind hier wertlos.

Bei privaten Empfängern und kleineren Unternehmen, in denen die Post vom Chef selbst geöffnet wird, ist es anders. Hier kann eine gestaltete Hülle in den Text hineinziehen, neugierig machen.

Keine Mogelpackungen

Hüten Sie sich davor, Ihr Mailing in falscher Verpackung zu versenden, wie es ein Heizungsbauer kürzlich tat. Sein gedrucktes Angebot für einen neuen Ölbrenner steckte in einem beigen Büttenumschlag. Die Adresse war mit Tinte geschrieben – scheinbar eine Frauenhandschrift –, der Brief mit einer Sondermarke freigemacht. Solche Mogelpackungen verärgern und landen direkt im Papierkorb!

Regeln für die Gestaltung

Für die Gestaltung der Briefhülle gelten folgende Regeln:

- Bilder wirken besser als Text, Schlagzeilen.
- Große Bilder wirken besser als kleine.
- Fotos wirken vor Zeichnungen.
- Menschen vor Produkten.
- Tiere vor Kindern.
- Kinder vor Erwachsenen.
- Porträts vor Ganzaufnahmen.

Achtung: Bildmotiv und Ansprache auf der Briefhülle müssen zum Briefinhalt passen. Vermeiden Sie Bauernfängerei!

Beispiel:

Mailingthema:	*Videoüberwachung für Läden gegen Ladendiebstahl*
Bild:	*Ein Augenpaar*
Text:	*Leisten Sie sich doch ein Paar Extraaugen. Ein Angebot zur Warensicherung.*

4.11 Checkliste Budgetierung

	Vorkalkulation DM	Nachkalkulation DM
Adressen mieten		
Eigene Adressen aufbereiten		
Brieftext abfassen (lassen)		
Papier und individueller Eindruck		
Beileger		
Umschläge		
Versandarbeiten, Konfektionierung, Posteinlieferung		
Portokosten (Info-Post)		
Telefonkosten »Adressenselektierung«		
Bearbeitung Rückläufe/Broschüren		
Telefonkosten »Nachfassen«		
Summe Budget		

4.12 Wie Sie aus Rückläufen Aufträge machen

Wenn die ersten Rückläufe eintreffen, schlägt die Stunde des Vertriebs. Bereiten Sie alles vor, damit Sie postwendend reagieren können:

Maßnahmen

- Gewünschte Besuche sofort vereinbaren.
- Antwortbrief im PC bereithalten.
- Angebotene Unterlagen bereitlegen.
- Gesprächsleitfaden entwickeln.
- Nach einigen Tagen nachfassen.

So beginnt die »normale« verkäuferische Tätigkeit. Doch damit nicht genug. Sie haben eine Rücklaufquote von 3 bis 5 Prozent erzielt. Was ist mit den 95 Prozent, die nicht reagiert haben? Hier gibt es ein Potenzial, das sie für Telefonmarketing nutzen können.

Finden Sie heraus, warum nicht geantwortet wurde. Sie erhalten dadurch wichtige Aufschlüsse für Ihre nächste Aktion.

Mögliche Reaktionshemmnisse:

- Brief nicht bekommen oder erinnert;
- kein Bedarf, Unternehmen zu klein, zu groß oder Produkt bereits vorhanden;
- Budgetmittel ausgeschöpft;
- erst in 12 Monaten interessant, da Neubau/Umstrukturierung geplant;
- anderweitige Lieferantenbindung

usw.

Korrekturen vornehmen

Auch wenn Sie noch so gut gearbeitet haben, können sich hier und da kleine oder gravierende Fehleinschätzungen eingeschlichen haben. Direct-Mailing hat den Vorteil, dass sich durch Rückläufe und Nachfassaktionen wirksame Korrekturen anbringen lassen. Wie alle anderen Verkaufsförderungsmaßnahmen sollte man auch Mailings nicht unter kurzfristigen Erfolgsaspekten sehen. Auch hier gilt: *Steter Tropfen höhlt den Stein.*

Elemente der Direktwerbung auf einen Blick

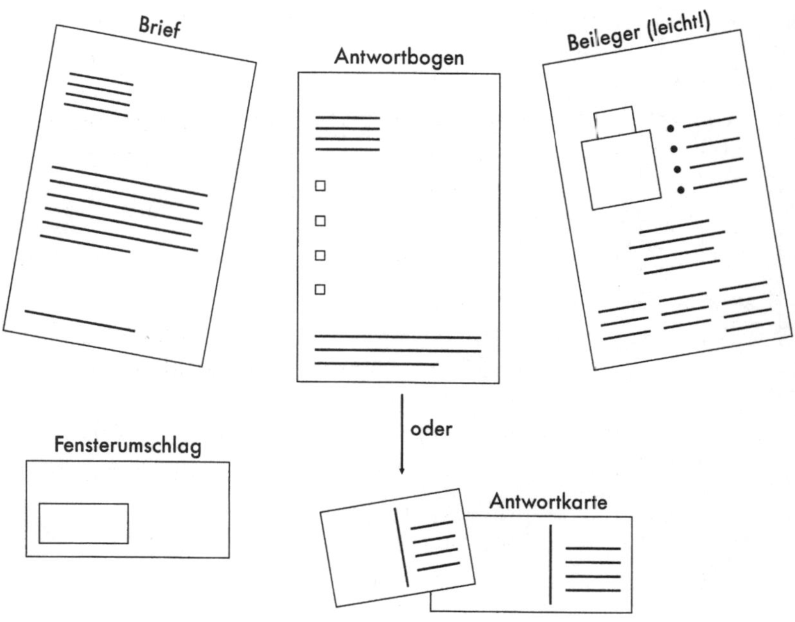

4.13 Zeitraster Aktionsplan Aktion

Aktion	Zeit
○ Zielgruppe genau definieren/festlegen	6 Wochen
○ Kundennutzen/Kaufmotiv untersuchen	6 Wochen
○ Geeigneten Aufhänger für Briefeinstieg ausarbeiten	6 Wochen
○ Beschaffung von Adressenmaterial: • eigene Interessenten-Datei • Branchenbücher • IHK-Verzeichnisse Adressenverlage: Schober, Bertelsmann etc.	4 Wochen
○ Zielperson telefonisch ermitteln, wenn der Name des Ansprechpartners nicht bekannt ist	3 Wochen
○ Umfang des Mailings festlegen: • Brief • Beileger/Antwortbogen • C6-Fensterumschlag	3 Wochen
○ Gewicht ermitteln	2 Wochen
○ Stückzahl der Aussendungen festlegen	2 Wochen
○ Porto ermitteln: Berater in Ihrem Postamt!	2 Wochen
○ Budget erstellen	2 Wochen
○ Bei größeren Aussendungen: • Testmailings starten • telefonisch nachfassen • Brieftext optimieren	
○ Briefe original und lesbar unterschreiben	
○ Versandtermin festlegen: • Briefe dienstags – donnerstags eintreffend • Feiertage berücksichtigen	1 Woche
○ Bearbeitung der Rückläufe organisieren: • Antwortbrief vorbereiten • Broschüren bereitstellen • Gesprächsleitfaden für telefonisches Nachfassen formulieren	1 Woche
✓ Erledigt?	

5. Pressearbeit – was sie kann und was sie nicht kann

Kleine und mittelständische Unternehmen sehen sich einer zunehmenden Käufersouveränität gegenüber. Verbraucherorganisationen und Bürgerinitiativen sind Ausdruck dieser Haltung. Daran müssen sich Unternehmen messen lassen, die an die Öffentlichkeit treten.

Stellen Sie sich bitte vor: Mehrere Anbieter betreiben regelmäßig Werbung, und die angebotenen Produkte verfügen über absolut gleiche Merkmale. Wer die Wahl hat zwischen zwei oder mehreren Spitzenprodukten, hat die Qual. Den Auftrag wird das Unternehmen für sich verbuchen können, das einen Zusatzwert, z. B. ein der Öffentlichkeit vermitteltes positives Image, vorweisen kann.

Der Draht zum Kunden

Kontinuierliche Öffentlichkeitsarbeit prägt das Firmenbild und »spinnt« den heißen Draht zum Kunden. Ein wichtiger Bestandteil der Öffentlichkeitsarbeit (PR = Public Relations) ist die Pressearbeit.

PR versus Werbung

Einer der häufigsten Fehler ist die Verwechselung von PR und Werbung. Kommunikationsfachleute sehen in der Öffentlichkeitsarbeit die Aufgabe, *Vertrauen und gegenseitiges Verständnis aufzubauen und zu pflegen*. Werbung hingegen hat das Ziel, die absatzpolitischen Interessen – den direkten Verkauf – zu fördern.

PR und Pressearbeit der einen, Werbung auf der anderen Seite sind getrennte Disziplinen, die unbedingt auseinander gehalten werden müssen.

»... haben wir Ihrem Anzeigenvertreter heute einen Auftrag über vier Anzeigen erteilt. Wir bitten daher, den beiliegenden Text abzudrucken, da wir andernfalls den Anzeigenauftrag stornieren müssen.«

Wer so schreibt, versucht den Redakteur zu kaufen. Und das wird selten gelingen.

Anzeigenblätter haben geringe Glaubwürdigkeit

Eine Ausnahme bilden Anzeigenblätter mit redaktionellem Teil. Hier ist die Verbindung Anzeige/Text so eindeutig, dass der Leser das sofort durchschaut. Daher ist ein Abdruck auch weniger glaubwürdig.

Im seriösen Journalismus gibt es keine bezahlten Text- oder Bildbeiträge. Der Leser einer Zeitschrift – auch Sie und ich – erwartet von einer redaktionellen Nachricht objektive Informationen und keine Werbung.

Der Redakteur entscheidet

Die Entscheidung darüber, ob der Beitrag gedruckt wird, trifft allein der Redakteur, unabhängig von der Platzierung einer Anzeige.

Was können kleine und mittelständische Unternehmen durch Pressearbeit erreichen?

5.1 Was Pressearbeit kann

- Pressearbeit profiliert das Unternehmen, steigert den Bekanntheitsgrad, schafft Referenzen und stellt Kompetenz und Leistungsfähigkeit unter Beweis: Was seriöse Zeitschriften veröffentlichen, besitzt für den Leser eine hohe Glaubwürdigkeit.

Unternehmensimage fördern

- Pressearbeit informiert potentielle Anwender oder Anwendergruppen über Vorteile und Nutzen eines Produktes, einer Anwendung oder Dienstleistung. Werbung und Verkaufsgespräch treffen auf ein vorbereitetes Feld, Hemmnisse werden abgebaut.

Informieren

- Pressearbeit spricht Absatzmittler und Handelsorganisationen an und informiert Meinungsbildner.

Multiplikatoren erreichen

- Pressearbeit kann in begrenztem Umfang Nachfrage stimulieren.

Nachfrage stimulieren

5.2 Zielsetzung der Pressearbeit

Ganz oder gar nicht!

Pressearbeit ist ein Teil der unternehmerischen Gesamtkonzeption. Ein Unternehmen sollte Öffentlichkeitsarbeit als langfristig angelegte Strategie begreifen. Pressearbeit kann nicht nebenher, sporadisch, gelegentlich garniert mit irgendwelchen Gags betrieben werden.

Die Leute werden reden, wenn Sie Ihnen einen Anlass gebenl

Ansehen, Reputation, Kompetenz und Bekanntheitsgrad beeinflussen Käuferverhalten.

Langfristig wirksam

Pressearbeit wirkt langfristig und ist daher nicht direkt am Umsatz zu messen. Daher ist es falsch, Pressearbeit ausschließlich verkaufsorientiert zu betreiben oder danach zu beurteilen.

Nutzen für die Leser

Wer ist der erste Leser Ihrer Pressemitteilung? Der Redakteur! Nur wenn sein Interesse geweckt wird und er erkennt, dass die Meldung Nutzen für seine Leser hat, ist die erste Hürde genommen. Dieser Moment im Dasein einer Presseinformation ist entscheidend. Jeder Redakteur, jeder Journalist sieht sich täglich einer Flut von Informationen ausgesetzt, von denen er nur relativ wenige zur Veröffentlichung auswählen kann. Der Rest wandert meistens in den Papierkorb.
Wenn Sie möchten, dass Ihre Meldung zu den veröffentlichten Beiträgen gehört, bieten Sie der Redaktion einen attraktiven Köder und befolgen einige einfache Gesetze und Regeln.

5.3 Gesetze der Pressearbeit

Persönlicher Kontakt, Gespräch

Der persönliche Kontakt und das Gespräch sind am besten geeignet, den Redakteur davon zu überzeugen, dass er mit dem Beitrag die Interessen der Leser trifft. Das Gespräch mit dem Redakteur ist auch eine Art Verkaufsgespräch.

Die Information muss stimmen, sie muss nachprüfbar sein. Inhalt und Aufhänger müssen attraktiv und interessant erscheinen.

Attraktivität und Wahrheitsgehalt

Eine Presseinformation ist ein Angebot. Sie kann angenommen oder abgelehnt werden.

Die Redaktion kann das Manuskript ändern, kürzen oder umschreiben. Es besteht kein Anspruch auf Veröffentlichung des Textes.
Die Information kann durch den Redakteur unter seinem Namen veröffentlicht, kommentiert oder mit kritischen Anmerkungen versehen werden.

Kein Anspruch auf
- **Veröffentlichung**

Die Redaktion legt den Zeitpunkt und die Form der Veröffentlichung fest. Eine Verzahnung mit anderen Verkaufsförderungsmaßnahmen ist daher so gut wie nicht möglich.

- **Erscheinungszeitpunkt**

Auch auf die Platzierung im vorderen Teil des Heftes oder hinten, unter »Sonstiges«, gibt es keinen Einfluss.

- **Platzierung**

Presseinformationen müssen zum richtigen Zeitpunkt mit der richtigen Meldung das richtige Medium erreichen!

Was absolut »out« ist:

- Bestechung;
- Einschleimen, Anbiedern;
- Selbstbeweihräucherung;
- Schönfärberei;
- Protzen mit Superlativen.

5.4 Was Pressearbeit nicht kann

Kaum planbar

- Pressearbeit ist kaum planbar. Themen können festgelegt, Redaktionen selektiert werden. Zeitpunkt und Form der Veröffentlichung können jedoch nicht bestimmt werden.

Erzeugt keine direkte Nachfrage

- Presseinformationen erzeugen keine direkte Nachfrage. Redaktionelle Beiträge werden als Information verstanden und nicht als Kaufaufforderung gesehen.

Wirkung schlecht messbar

- Pressearbeit kann im Gegensatz zu Anzeigen in der Wirkung nur unzulänglich gemessen werden. Die Häufigkeit von Abdrucken und die jeweilige Auflage geben jedoch interessante Hinweise.

Kein Ersatz für Werbung

- Pressearbeit kann weder das Verkaufsgespräch noch die klassische Werbung ersetzen!

5.5 Anlässe für eine Presseinformation

Anlässe, die die Herausgabe einer Presseinformation rechtfertigen:

- Erfolgreiche Abschlüsse, namhafte Aufträge;
- Umzug mit Geschäftsausweitung, Bezug neuer Gebäude;
- Aufnahme neuer Produkte, Dienstleistungen;
- Schaffung neuer Arbeitsplätze;
- Mitarbeiterabbau und Kurzarbeit;
- Personelle Veränderungen, Jubiläen;
- Änderung der Eigentumsverhältnisse;

- Messen, Ausstellungen, Tagungen, »Haus der offenen Türe«;
- Besondere soziale Leistungen, Unterstützung wohltätiger Organisationen und Verbände;
- Sponsoring im Bereich des Sports und anderer kultureller Ereignisse;
- Geschäftsbericht, Jahresabschluss, Gesellschafterversammlung;
- Auszeichnungen, Zertifizierungen.

Sorgfalt bei negativen Anlässen

Bei negativen Ereignissen, wie Stellenabbau, ist besondere Sorgfalt geboten. Der Journalist erwartet von einem fairen Partner Offenheit. *Agieren* ist in diesen Fällen immer besser als reagieren. Spekulationen verselbstständigen sich schnell und sind dann kaum mehr beeinflussbar.

5.6 Regeln für die Gestaltung

Die äußere Form

- Schaffen Sie ein einheitliches, unverwechselbares Erscheinungsbild. Wählen Sie einen Vordruck mit dem Hinweis: *Presseinformation*.

- Verwenden Sie Papier (DIN-A4), auf dem gut geschrieben (redigiert) werden kann.

- Beschreiben Sie nur die Vorderseite.

- Vermerken Sie einen *Ansprechpartner*, mit Anschrift, Telefon, Fax, der die Information bei Bedarf ergänzen kann.

- Geben Sie der Information ein Datum. Nennen Sie, wenn nötig, einen Sperrvermerk (das Datum, zu der die Mitteilung frühestens erscheinen darf).

- Schreiben Sie 1 1/2-zeilig.

- Wählen Sie eine gut lesbare Schrift. Verzichten Sie auf VERSALIEN, <u>Textunterstreichungen</u> und **Fettdruck**.

- Schreiben Sie maximal 25 bis 30 Zeilen pro Seite.

- Geben Sie zum Schluss an, wie viel Zeilen und Anschläge die Meldung umfasst.

- Vermerken Sie abschließend: »Nachdruck honorarfrei – Belegexemplar erbeten.«

Die inhaltlichen Regeln

Die 4 W-Fragen

Eine Information sollte Auskunft zu folgenden Fragen geben:

Wer?
Was?
Wann?
Wo?

Wenn Sie ausführlich werden, beantworten Sie auch:

Wie?
Warum?

Journalistische Regeln

Bei der Abfassung Ihrer Information halten Sie sich an folgende journalistische Regeln:

- Berichten Sie Tatsachen, Fakten, verzichten Sie auf eine Wertung oder Meinung.
- Meinungen Dritter werden deutlich gekennzeichnet. Zitieren Sie korrekt und vollständig, setzen Sie das Zitat in Anführungszeichen.
- Zahlen bis zwölf werden im Lauftext ausgeschrieben, also: *drei Meter lang, zehn Besucher.* Ausnahme: Tabellen und Abkürzungen: *5 cm – 7,00 DM.*
- Verzichten Sie auf Abkürzungen wie: *ggf.* oder *u. a.* Statt % lieber *Prozent.*
- Namen werden immer ausgeschrieben, möglichst mit Vornamen, nicht *Frau ...* oder *Herr ...*
- Schreiben Sie *kurz, knapp und präzise.* Flüssige, einfache Sätze erhöhen die Lesefreundlichkeit. Regel: Kein Satz ist länger als 14 Wörter, keine Schachtelsätze. Benutzen Sie *Tätigkeitswörter* statt Hauptwörter, meiden Sie Hauptwörter, die auf »-ung« enden, und Silbengleichklänge. Schreiben Sie richtiges Deutsch gemäß Duden.
- Vermeiden Sie Fremdwörter oder erklären Sie sie, wenn nicht darauf verzichtet werden kann.
- Vermeiden Sie Modewörter, auch wenn Sie das »Feature total geil« finden. Ausnahme: wenn Sie

für eine ganz junge Zielgruppe schreiben. Aber dann fragen Sie am besten Ihren eigenen Nachwuchs.

- Benutzen Sie Worte, die der Leserschaft geläufig sind. »Apart« kann Frauen Kosmetik verkaufen. Eine aparte Krawatte jedoch reizt Männer wohl kaum.

- Geben Sie – besonders bei Zahlen – *Quellen* an.

- Sagen Sie alles nur einmal. Das aber verständlich und einleuchtend.

- Gehen Sie im Text sparsam mit dem eigenen Firmennamen um (keinesfalls im Fettdruck oder gar unterstrichen!).

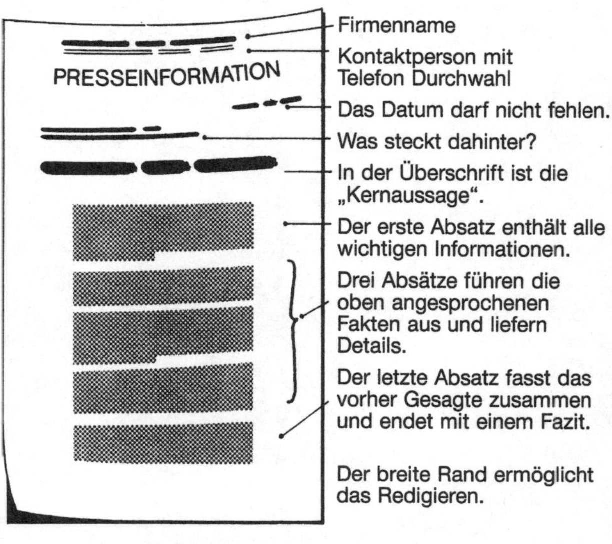

Aufbau einer Presseinformation

»Mann beißt Hund« – Die Headline, der Aufmacher

Die Nachricht »Hund beißt Mann« interessiert niemanden, während die Nachricht »Mann beißt Hund« viele Leser finden wird.

Der Überschrift fällt eine besondere Bedeutung zu. Oft werden zunächst nur die Überschrift (Headline), die Einleitung (Leadtext) und, soweit vorhanden, Bildunterschriften gelesen. Danach entscheidet der Leser, ob die Nachricht für ihn lesenswert und wichtig ist.

Am besten stellt man den Nutzen sehr deutlich in den Vordergrund.

Beispiele

Dazu einige Beispiele:

Videotechnik in Banken: Neue Kamera mit hoher Auflösung

Besser: *Schlechte Zeiten für Bankräuber: Kameras für brillante Fahndungsfotos*

Geometrische Formen und Farben der Unfallverhütungsvorschrift VGB 125

Besser: *Farbige Verhütung*

Odeon jetzt mit 18 m breiter Leinwand

Besser: *Neuer Kinospaß im Odeon: Man sitzt wirklich mittendrin!*

Fahrtechnische Weiterbildung für Geldtransportfahrer

Besser: *... auf Schumachers Spuren*

Mit etwas Übung werden Sie bald in der Lage sein, eine interessante, neugierig machende Überschrift zu formulieren.

Die Einleitung – der Leadtext

Die Einleitung des Pressetextes entscheidet mit, ob der Leser weiterliest oder nicht.

Formen der Einleitung:

Wann: *Zum 1. Juli 1996 tritt die neue Pflegeversicherung in Kraft. Schätzungsweise ... Bedürftige in stationärer Behandlung werden dann ...*

Wo: *In den neuen Bundesländern ist die Arbeitslosigkeit immer noch um einiges höher als in den alten Bundesländern.*

Wer: *Die vorgesehene Fläche für Gewerbeansiedlungen wird verdoppelt. Eine entsprechende Vereinbarung unterzeichnete Bürgermeister Hansen im Beisein der Stadträte.*

Frage: *Kommt ein wirtschaftlicher Abschwung? Selbst Experten sind sich darüber uneinig. Das ist das Ergebnis einer Befragung ...*

Bildhaft: *Das Wattenmeer liegt unberührt in der Morgensonne. Leichte Dünung plätschert gegen die beiden Rohre, die hier das nasse Element verlassen, um nach zwei Kilometern Landweg in die Gasanlandestation zu münden.*

Szenario: *Düsseldorf, Hauptbahnhof. Es ist 9.18 Uhr. Der Zug ist pünktlich. Die Tür des Wagens 4 öffnet sich, zwei Sicherheitsbeamte springen heraus. Dann erscheint »er«. Ein Blitzlichtgewitter setzt ein.*

Zitat: *»Der Köder muss dem Fisch schmecken, nicht dem Angler«, titelte Ernst-Walter Wehner seinen Beitrag in »Direkt Marketing« 6/1991.*

Nach der Einleitung folgen Ihre wichtigen Aussagen. Oft ist es notwendig, Presseinformationen zu kürzen, weil nicht genügend Platz im Layout zur Verfügung steht. Wenn der Redakteur kürzt, soll natürlich nichts Wesentliches gestrichen werden. Deshalb stehen wichtige Aussagen in der Mitte des Textes, nicht etwa am Ende!

Kurze Beiträge haben größere Abdruckchancen als lange. Beschränken Sie sich möglichst auf zwei Seiten.

Faustregel

Faustregel des DIPR (Deutsches Institut für Public Relations) e. V.:

> *Schreiben Sie pro Zeile nicht mehr als 50 Anschläge. Seite 1 mit Überschrift und ca. 20 Zeilen und Seite 2 mit weiteren 25 Zeilen ergeben bereits einen »Zwei-Spalter« mit 55 bis 60 Druckzeilen.*

5.7 Ein Bild sagt mehr als tausend Worte

Funktion von Pressefotos

Das alte Sprichwort trifft auch für die Pressearbeit zu: Fotos und Grafiken sind nämlich keineswegs nur Beiwerk, sondern haben eine wichtige Funktion. Nur Fotos zeigen das Wesentliche auf einen Blick und lassen z.B. Größenverhältnisse erkennen. Und sie haben die Funktion eines Eyecatchers (Blickfangs): Sie lenken das Interesse des Lesers auf den Beitrag.

Die Redaktionen haben meistens zu wenig Bilder. Sie sind ein wirksames Gestaltungselement der Druckseite. Fügen Sie deshalb unbedingt Fotos bei!

Regeln für das Pressefoto

- Wählen Sie kontrastreiche, scharfe Fotos aus.
- Bereits gedruckte Vorlagen (Ausschnitte aus Prospekten) eignen sich nicht. Sie sind gerastert und lassen sich nur mit erheblichen Qualitätsverlusten erneut drucken.
- Format: mindestens 13 x 18, besser 18 x 24 s/w, hochglänzend. (Farbbilder oder Dias werden nur auf Anforderung zur Verfügung gestellt.)

- Versehen Sie das Foto mit einem erläuternden Text (Bildunterschrift). Der Text wird zweifach auf einen so genannten »Waschzettel« geschrieben, auf der Bildrückseite aufgeklebt und umgeschlagen. So werden Verwechslungen vermieden, denn Bild und Text durchlaufen unterschiedliche Produktionsstufen.

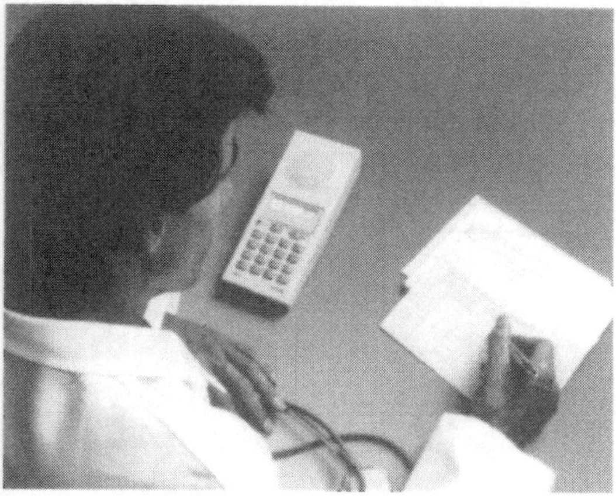

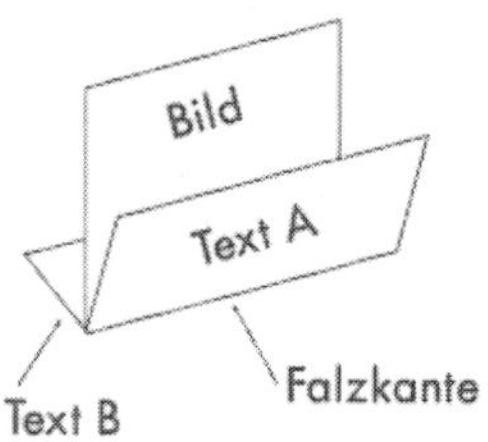

Auf dem alpha-numerischen LC-Display der Sprechstelle läßt sich jede Art von Information darstellen. Damit werden wichtige Informationen für den Empfänger reproduzierbar und Fehlinterpretationen vermieden.

23/93-November Foto: Philips GmbH, Communication & Security Systems, Hamburg

Abdruck honorarfrei, Beleg erbeten

- — Falzkante

Auf dem alpha-numerischen LC-Display der Sprechstelle läßt sich jede Art von Information darstellen. Damit werden wichtige Informationen für den Empfänger reproduzierbar und Fehlinterpretationen vermieden.

23/93-November Foto: Philips GmbH, Communication & Security Systems, Hamburg

Abdruck honorarfrei, Beleg erbeten

Pressefoto mit Waschzettel

- Versehen Sie das Foto mit einem Copyrighthinweis (Foto: Tüchtig & Co.) und dem Vermerk »Abdruck honorarfrei, Beleg erbeten«.
- Sorgen Sie dafür, dass das Foto beim Versand nicht beschädigt wird (keine Heftklammern, Knicke!).

Hinweise zum Bildinhalt

Zeigen Sie Ihr Produkt in der Anwendung, aus der die Bedeutung der Funktion hervorgeht. Das ideale Bild zeigt, was das Gerät kann und welche Vorteile der Benutzer durch die Anwendung hat. Denken Sie an den Kunden: Warum soll er das Produkt kaufen?

Negativbeispiele Pressefoto

Wenn Sie können, legen Sie unterschiedliche Bilder bei. Überlassen Sie dem Redakteur die Auswahl. Ideal ist, wenn Sie jeweils ein Hoch- und Querformat beifügen. Eins von beiden kann der Redakteur im Rahmen seines Satzspiegels sicher verwenden. Die Fotos sollten oben und unten bzw. rechts und links »Luft« haben (zweitrangige Details), damit sie beschnitten und angepasst werden können.

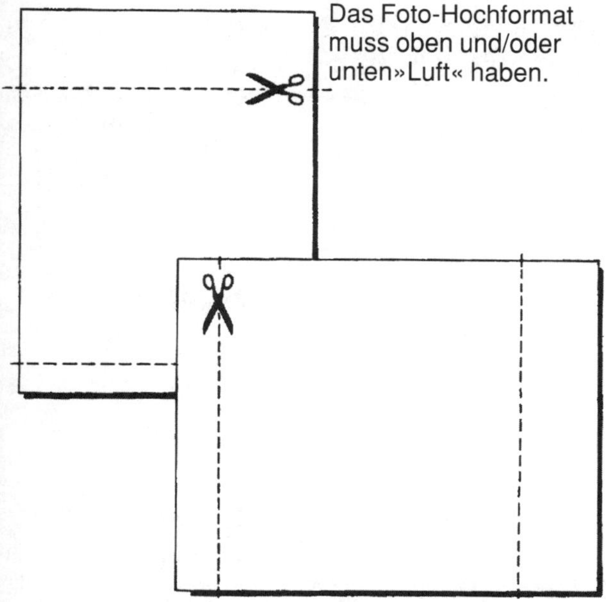

Das Foto-Hochformat muss oben und/oder unten»Luft« haben.

Das Foto-Querformat muss links oder rechts gekürzt werden können.

SATZSPIEGEL

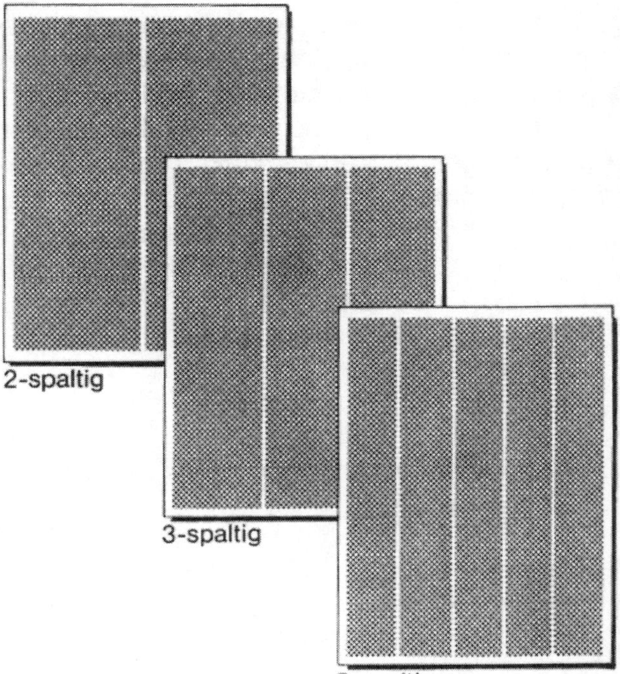

2-spaltig

3-spaltig

5-spaltig

Erwarten Sie nicht, dass das Foto zurückkommt. Der Aufwand wäre zu groß. Die Veröffentlichung sollte Ihnen einen Abzug wert sein!

Wenn Sie eine große Bildauswahl haben und gleichzeitig an einen großen Verteiler versenden wollen, können Sie Ihrer Presseinformation gute Laserfotokopien beifügen. Mit einem (Fax)-Antwortbogen kann der Redakteur das passende Foto abrufen. Schicken Sie es nach Abruf postwendend zu!

5.8 Die Printmedien

- Tageszeitungen
- Wochenzeitungen
- Sonntagszeitungen
- Kaufzeitungen
- Abonnementszeitungen
- Boulevardpresse
- Wirtschaftspresse
- Magazine
- Illustrierte
- Programmzeitungen
- Anzeigenblätter
- Fachzeitschriften
- Supplements (regelmäßige Beilagen, z. B. mit dem Fernsehprogramm)

Wegweiser durch den Medienwald

Die für Sie wichtigsten Medien auf einen Blick!

Unterschiedliche Leserstrukturen

Alle genannten Medien haben völlig unterschiedliche Leserstrukturen mit den verschiedensten Interessensschwerpunkten. Deshalb wird es kaum möglich sein, alle Medien optimal zu bedienen. Der Pressetext muss dem fachlichen Niveau und der Interessenlage der Leser entsprechen.

Wenn Sie ein neues Klimagerät für das Auto als Beispiel nehmen, wird der Text für den Verbraucher folgenden Nutzen in den Vordergrund stellen:

Angenehmes Klima in Sommer und Winter, klarer Kopf, entspannt ankommen.

Die Information für den Kfz-Handel stellt einen völlig anderen Vorteil heraus:

Gute Handelsspanne, Zusatzgeschäft, Kundenbindung.

Es ist entscheidend, dass Sie zunächst untersuchen, welche Kundengruppe über welche Medien zu erreichen ist.

Wohin mit der Information?

Tageszeitungen mit Sonderveröffentlichungen

Tageszeitungen erscheinen lokal, regional oder überregional. Periodisch erscheinen Sonderveröffentlichungen wie zum Beispiel:

- Sicherheit im Haus;
- Der Garten im Frühjahr;
- Bürokommunikation;
- Messevorberichte.

Erkundigen Sie sich nach den für Sie relevanten Terminen.

Fachzeitschriften

Fachzeitschriften erscheinen

1. zielgruppenorientiert: *Das Altersheim*
   Schwimmbad und Sauna
   Altbausanierung

2. produktorientiert: *Lebensmittelmarkt*
   Schloss und Beschlag
   Der Immobilienmarkt

Besonders lokale Printmedien, mit Themen nicht immer üppig bedacht, berichten sehr gerne über Neuigkeiten aus ihrem Einzugsgebiet.

Lokale Printmedien

Regionale Bedeutung haben:

- Mitteilungsblätter der Handelskammern und Handwerkskammern;
- Firmenzeitschriften;
- Ärzte- und Zahnärzteblätter;
- Informationsschriften für den Handel;
- Veranstaltungsmagazine;
- Stadtzeitschriften;
- Vereinszeitschriften;
- Sportprogramme;
- Verbandsorgane;
- Informationen der Gastronomie und des Fremdenverkehrs (Gästeführer);
- Mitteilungen der Kirche und kirchlicher Organisationen;
- Schülerzeitschriften.

5.9 Der Presseverteiler – wie Sie Kosten sparen

Die Information soll der Nachfrage entsprechen. Deshalb prüfen Sie bei der Auswahl:

- Entspricht die Publikation meinem Anspruch in Bezug auf Image, Qualität, politische Einstellung?
- Ist das Medium aus Sicht der Leser seriös, glaubwürdig, kompetent, meinungsbildend? Hat Ihr Angebot ein angemessenes Umfeld?
- Erreichen Sie die von Ihnen ausgewählten Zielgruppen?

Mediadaten, Ansichtsexemplar anfordern

Sicher können Sie die Fragen nicht immer aus eigener Anschauung beantworten. Fordern Sie die Mediadaten und ein Ansichtsexemplar an. Daraus erfahren Sie sehr genau, wer das Blatt liest, wie das Verbreitungsgebiet ist und etwas über die verkaufte/abonnierte Auflage. Wenn Sie in diesen Unterlagen einen Hinweis »IVW-geprüft« finden, werden Ihnen besonders verlässliche Daten garantiert. Die Informationsgemeinschaft zur Feststellung der Verbreitung von Werbeträgern kontrolliert die angeschlossenen Printmedien im Interesse der werbungstreibenden Wirtschaft.

Fragen Sie auch Ihre Kunden, welche Zeitschriften sie lesen und welche wichtige Informationsträger sind.

Wie baue ich eine Redaktionskartei auf?

Bauen Sie mit diesen Mosaiksteinen Ihren Presseverteiler auf. Qualität geht dabei vor Masse!

Daten sammeln

Ihre Datei enthält neben der *Anschrift* der Redaktion auch den Namen des zuständigen *Redakteurs* mit Telefonnummer und Faxanschluss, damit Sie ihn persönlich anschreiben oder anrufen können. Wenn Sie es besonders gut machen wollen, tragen Sie auch Informationen über *Geburtstage* und *Hobbys* ein, die sich während der Zusammenarbeit ergeben haben. Bringen Sie sich zu einem runden Geburtstag in Erinnerung, wie Sie es bei einem guten Kunden tun würden.

Thematisch sortieren

Schaffen Sie sich auch eine Sortiermöglichkeit nach Themen: Wenn Zeitschriften Themenseiten wie »Branchengeflüster« oder »Für Sie gelesen« haben, sind das Ihre Zieladressen bei personellen Änderungen in Ihrem Unternehmen und bei Erscheinen Ihrer neuen Verkaufsbroschüre.

Kontinuierlich aktualisieren

Pflegen Sie den Verteiler und vermeiden Sie Peinlichkeiten. Zuständigkeitswechsel, Adressenänderungen usw. werden sofort festgehalten.

Gutes Adressenmaterial sorgt für Erfolg

Nur wenn die Redaktionsadressen gut ausgewählt und vollständig sind, wird Ihre Aussendung erfolgreich sein und damit kostengünstig. Wenn den Redakteur nur zielgruppenspezifische Nachrichten erreichen, erhöht das Ihre fachliche Akzeptanz und die Aufmerksamkeit, die Ihrer Mitteilung gewidmet wird.

5.10 Ganz »exklusiv«: Der Fachaufsatz

Ausführungen eines kompetenten Autors sind eine besonders interessante Form der Pressearbeit. Fachaufsätze tragen den Namen des Verfassers und werden exklusiv nur einer Redaktion zur Verfügung gestellt. Eine vorherige Abstimmung mit der Redaktion ist sinnvoll, dann können Umfang, Zahl der Bilder, Kernaussagen vorher festgelegt werden.

Ausführlich und neutral

Fachaufsätze sind ausführliche Darstellungen, die über den Umfang einer Presseinformation hinausgehen. Sie sind weitgehend neutral in Text und Bild – frei von Werbung –, aber erwähnen durchaus die unternehmerische Leistung.

Gliederung von Fachaufsätzen:

Einleitung:	Absicht, Problemstellung, Zusammenhänge mit anderen Gebieten
Hauptteil:	Voraussetzungen, Ausgangssituation, kausales oder logisches Vorgehen, Experimente/Theorien (oder umgekehrt), Interpretation
Zusammenfassung:	Perspektiven, Dank an Beteiligte, Förderer

Beachten Sie unbedingt etwaige Freigabeprozeduren. Wenn Sie über ein Projekt berichten, Dritte namentlich erwähnen, müssen Sie eine Freigabe einholen. Sicherheitsbestimmungen, Patentrechte und

Ähnliches können gegen eine Veröffentlichung sprechen.

Sonderdruck für Werbezwecke

Fachaufsätze mit kompetenten Aussagen und Bildern eignen sich hervorragend, um einen Sonderdruck zu bestellen. Sie fügen ihn Angeboten bei, betreiben damit Direktwerbung oder verbreiten ihn auf Messen. Lassen Sie sich ein Angebot machen.

5.11 Checkliste für eine Pressemitteilung

Anlass:	Gibt es aus Sicht des Lesers ein Informationsbedürfnis?	❍
	Müssen Fotos, Grafiken angefertigt werden?	❍
Verteiler:	Sind gute Redaktionskontakte vorhanden, die hohe Streuverluste vermeiden?	❍
Text:	Vermitteln Headline, Bildunterschriften, Leadtext einen guten informativen Eindruck? Wird neugierig gemacht?	❍
	Ist der Text verständlich und in einwandfreiem (Duden-)Deutsch geschrieben?	❍
	Wurden die W-Fragen (wer, was, wann, wo, wie, warum) beantwortet?	❍
	Wurden Eigenlob und Übertreibungen vermieden?	❍
	Bleibt der Text bei der Wahrheit?	❍

	Sind unvermeidliche Fachausdrücke und Abkürzungen konsequent erklärt worden?	❍
Recht:	Muss ein Einverständnis von Lizenzgebern, Auftraggebern, Betreibern, Betriebsrat oder Sicherheitsorganisationen eingeholt werden?	❍
Form:	Ist das Erscheinungsbild (Text, Papier, Fotos, Schriftbild) professionell?	❍
	Zutreffend?	✓

5.12 Die Pressekonferenz

Eine Pressekonferenz wird einberufen, wenn das Ereignis eine derartig exklusive Inanspruchnahme von Journalisten rechtfertigt. Eine geschäftspolitische Information von großer Tragweite oder eine bahnbrechende Produktinnovation sind solche Anlässe.

Der richtige Zeitpunkt

Besonders wichtig ist der richtige Zeitpunkt, denn das interessanteste Thema verpufft, wenn niemand erscheint. Stellen Sie unbedingt durch ein, zwei Anrufe fest, ob zum vorgesehenen Zeitpunkt nicht bereits eine andere Konferenz stattfindet. Insbesondere während Messen finden häufig Pressekonferenzen statt.

Einladung

Drei Wochen vor der Veranstaltung sollten Sie schriftlich einladen und klare Hinweise zum Thema geben. Einige Tage vor dem Termin wird telefonisch nachgefasst und an das Ereignis erinnert.

Checkliste für eine Pressekonferenz

Anlass:	Rechtfertigt der Anlass eine Konferenz?	❍
	Ist der Termin gut gewählt und abgestimmt?	❍
Einladung:	Thema der Veranstaltung, Uhrzeit (Beginn und Ende) genannt?	❍
	Ort der Veranstaltung mit Anfahrtskizze beschrieben, Parkmöglichkeiten genannt?	❍
	Hinweis auf Kostenübernahme, Bewirtung gegeben?	❍
	Telefonische Nachfassaktion vorbereitet?	❍
Ablauf:	Wer stellt Teilnehmer vor, zeigt Organigramm?	❍
	Wer spricht über welches Thema und wie lange?	❍
	Wer beantwortet geschäftspolitische Fragen?	❍
	Werden Geräte demonstriert?	❍
	Wer moderiert die Konferenz?	❍
	Wer empfängt die teilnehmenden Journalisten?	❍
	Liegt eine Teilnehmerliste bereit?	❍

Unterlagen: Pressemappe zusammengestellt? Inhalt: Presseinformation, Referatstexte, Fotos, Broschüren, Hintergrundinformationen. ❍

Organisation: Ist der Raum groß genug und ruhig? ❍

Sind Reservestühle vorhanden? ❍

Sind Dia-/Overheadprojektor, Videorecorder funktionsbereit? ❍

Liegt Schreibmaterial für die Teilnehmer bereit? ❍

Erledigt? ✓

Planen Sie ausreichend Zeit für eine Diskussion ein. Die Bewirtung erfolgt nach der Konferenz. Auch wenn Sie befürchten, dass das Thema zu »trocken« ist: Halten Sie das Alkoholangebot in Grenzen.

Ein Geschenk zum Abschluss?

Journalisten erwarten in erster Linie Informationen und weniger Geschenke. Wenn Ihnen etwas Ausgefallenes – zum Thema passend! – einfällt, sollten Sie es in Erwägung ziehen.
Originalität zählt, verzichten Sie auf den bedruckten Plastikkugelschreiber und Notizblock!

5.13 Ihr Abdruck in der Presse

Wenn Sie Informationen an die Presse verschicken, möchten Sie erfahren, ob Abdrucke erfolgen.

Kein Anspruch auf einen Beleg

Durch den Hinweis »Beleg erbeten« auf Fotos und Text werden Sie gelegentlich tatsächlich auch ein Exemplar bekommen. Das geschieht jedoch nicht immer, und Sie haben auch keinen Anspruch darauf.

Alle im Presseverteller geführten Publikationen zu abonnieren wäre sicher aufwendig und auch nicht sinnvoll. Fordern Sie Mitarbeiter auf, auf Veröffentlichungen zu achten. Wenn Sie ein *Presseausschnittbüro* beauftragen, werden von Ihnen vorgegebene Printmedien auf Stichworte (Themen, Firmennamen) beobachtet.

Ein »Spezi« unter den Printmedien: Die Kennziffernzeitschrift

In Kennziffernzeitschriften veröffentlichte Beiträge werden mit Kennziffern versehen. Interessenten können, meistens auf einer Postkarte, ankreuzen, zu welchen Themen sie weitere Informationen wünschen. Diesen Informationsabruf schicken Ihnen die Redaktionen zu. Reagieren Sie dann unbedingt sofort!

Der Weg des Informationsabrufs ist relativ lang! Wenn Sie erst nach einigen Wochen reagieren, ist der Interessent »kalt«!

Sie sind von »öffentlichem« Interesse

Das Ansehen eines Unternehmens und seines Angebotes steigt, wenn sich ihm das öffentliche Interesse – die Presse – zuwendet.

Die Resonanz in der Presse verwenden Sie für die interne und externe Kommunikation. Tragen Sie alle Abdrucke zu einer Information zusammen ("Blick in die Presse« oder auch »Feedback«). Lassen Sie Ihre Mitarbeiter an dem Erfolg teilhaben.

Wenn Sie Ihren Erfolg in Zahlen messen wollen, benutzen Sie dazu die Mediadaten. Die Druckauflage gibt einen guten Hinweis auf die Streuung Ihrer Information.

Benutzen Sie die Abdrucke für Ihre Akquisition. Was die Presse schreibt, hat eine hohe Glaubwürdigkeit und stützt hervorragend die Verkaufsaktivitäten!

Wenn Ihre Information nicht gedruckt wurde

Am Ball bleiben

Fragen Sie den Redakteur, was Sie anders machen sollen. Geben Sie nicht auf, bleiben Sie dran! Bieten Sie weiter gehende Informationen und ein persönliches Gespräch an. Wenn die Aufforderung kommt, das Blatt auch als Anzeigenträger zu nutzen, versprechen Sie, dies bei nächster Gelegenheit zu prüfen. Gehen Sie kein Koppelgeschäft ein!

5.14 Mit diesen Kosten müssen Sie rechnen

Zwar kostet ein Abdruck in einer Zeitschrift nichts, aber bevor die Information in der Redaktion eintrifft, entstehen Kosten.

Bei der Budgetierung berücksichtigen Sie:

	Vorkalkulation DM
Honorar für freie Texter, Mitarbeiter, Fotografen	
Druck der Presseinformation und »Waschzettel«	
Vervielfältigung der Fotos	
Konfektionierung, Postversand und Porto	
Redaktionsadressen beschaffen, aufbereiten und Aufbau, Pflege des Presseverteilers	
Telefonkosten	
Presseauswertung durch Dritte oder eigene Abonnements	
Summe Budget:	

Pressearbeit und sonst nichts?

Es wäre ein fundamentaler Irrtum, auf alle anderen Verkaufsförderungsmaßnahmen zu verzichten, weil Pressearbeit scheinbar preiswert ist. Pressearbeit ist ein wichtiger Teil Ihrer Marketingbemühungen und wirkt nur optimal im Zusammenspiel mit anderen absatzorientierten Maßnahmen.

Sie haben jetzt die Eckpunkte kennen gelernt, um sich auf journalistisches Terrain zu wagen. Inwieweit Sie alle Disziplinen eigenhändig durchführen, hängt von Ihrer Auslastung ab.

Wenn Sie Aufgaben an Dritte delegieren, nutzen Sie Ihr neues Wissen, um eindeutige Verabredungen zu treffen, die Sie vor unangenehmen Überraschungen schützen.

6. Die Beteiligung an Messen

Allein in Deutschland gibt es jährlich mehrere hundert Messen mit vielen Millionen Besuchern.

Veranstaltungsarten

- Verbrauchermessen: *Du und deine Welt*
- Fachmessen: *Security*
- Kongresse: *Werben und Verkaufen*
- Universalmessen: *Industrieausstellung*
- Regionalmessen: *Hessisches Handwerk*
- Branchenmessen: *Heizung und Sanitär*

Die Jahr für Jahr kontinuierlich steigenden Messekosten, der Erfindungsreichtum der Veranstalter und die knappen Mittel sollten Sie veranlassen, Messebeteiligungen nicht mehr als Tradition oder unter Prestigegesichtspunkten zu sehen.

6.1 Auswahl und Planung

Eine Messebeteiligung bindet personelle und finanzielle Mittel in ganz erheblichem Umfang. Deshalb ist die sorgfältige Auswahl Grundlage für Ihre Entscheidung, teilzunehmen oder nicht.

Wenn Sie sich als Hauptziel vorgenommen haben, den Marktanteil eines eingeführten Produktes durch Preisnachlässe zu steigern, ist eine Messebeteiligung kaum zu empfehlen. Ein neues Produkt hingegen lässt sich gut im Rahmen einer Messe einführen, besonders wenn es erklärungsbedürftig ist.

Messe-konzeption erstellen!

Für Ihre Planung bedeutet das zunächst, dass Sie Ihre eigenen Vertriebsziele mit denen der Messe abgleichen.

Entscheidungskriterien für Messeteilnahme:

- eigene Ziele
- Ziele der Messe – Messemotto
- Zielgruppe und Besucherstruktur, Besucherzahl
- Zeitpunkt
- Dauer
- Renommee

Bevor Sie sich für eine Teilnahme entscheiden, lassen Sie sich von der Messegesellschaft *Vergangenheitsdaten* geben:

- Entwicklung der Besucherzahlen;
- Herkunft der Besucher: regional, überregional, Ausland;
- Zielgruppeninformationen.

Die meisten Messeveranstalter führen schon im eigenen Interesse laufend Untersuchungen durch und geben Auskunft über:

- Branchen und Wirtschaftsstufen;
- Funktion und Befugnisse in Unternehmen;
- Betriebsgröße.

Fällt die Betrachtung positiv aus, formulieren Sie Ihre Messeziele:

Messeziele formulieren

- Neukundengewinnung;
- Einführung neuer Produkte oder Anwendungen;
- Information von Meinungsbildnern;
- Produkttests;
- Altkunden aktivieren/bestätigen usw.

Versuchen Sie später unbedingt, die Ziele weiter zu detaillieren, z. B.:

- *Wir wollen 200 Neukunden namentlich erfassen.*
- *Es sollen 1.000 Muster verteilt werden.*
- *Wir wollen mit 800 Altkunden sprechen.*

Verdeutlichen Sie sich, dass auch die Messebesucher eine Zielsetzung haben, der es gilt, möglichst nahe zu kommen:

Ziele der Messebesucher

- Informationsgewinn;
- Erreichung eines gewissen Know-how-Niveaus für eine sichere Entscheidung;
- Bestätigung, eine richtige Kaufentscheidung getroffen zu haben;
- Abbau von Vorurteilen;
- persönlicher Kontakt.

6.2 Das Schaufenster Ihres Unternehmens: Der Messestand

Ihre Messepräsentation muss, neben mehreren hundert weiteren Ständen, das Interesse der Besucher auf sich ziehen. Besucher kommen an Ihren Stand, wenn sie etwas geboten bekommen.

Der Stand soll dem Firmenimage entsprechen, das sich in der Öffentlichkeit gebildet hat. Wenn Sie zu den Marktführern gehören, ein »Großer« sind, werden Sie nicht mit einer 20-qm-Box auskommen. Sind hochpreisige Produkte Ihr Metier, sorgen Sie für ein stimmiges Umfeld!

Professioneller Auftritt ist wichtig

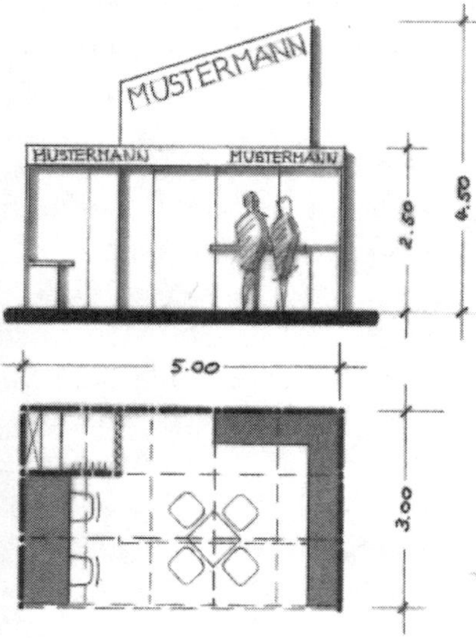

Beispiel:
Reihenstand 15 qm

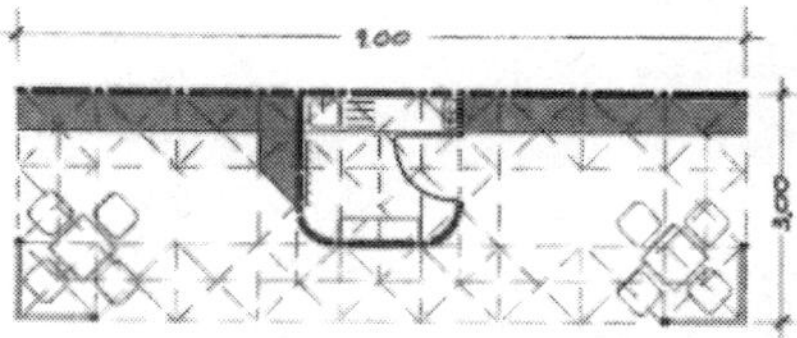

Beispiel: Kopfstand 27 qm

Beispiel:
Eckstand 20 qm

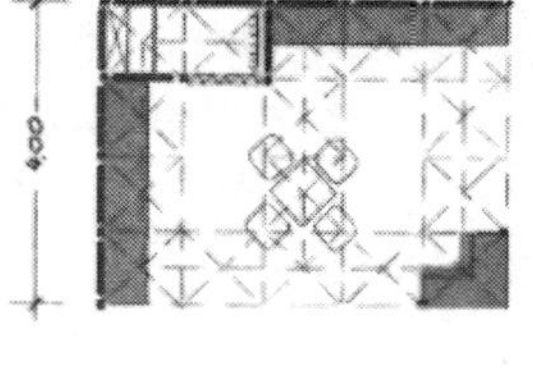

Stand-Arten

Häufige Fehler bei der Standgestaltung:

- **Zu viel Exponate**
  Bilden Sie Schwerpunkte. Zeigen Sie Schlüsselprodukte. So vermeiden Sie den Eindruck eines »Bauchladens«.

- **Tätigkeiten und Neuheiten nicht erkennbar**
  Sie gehören nach vorn. Machen Sie sofort den Kundennutzen deutlich!

- **Tante Emma-Theken**
  Theken hemmen den Zutritt, bilden Barrieren. Schaffen Sie einen offenen, hellen Stand.

- **Zu viele Informationen**
  Umfangreiche Texttafeln werden nicht gelesen. Beschränken Sie sich auf wenige *markante Schlagworte*. Verwenden Sie *Bilder* und *Grafiken*. Lassen Sie ruhig Flächen frei, sie vermitteln eine gewisse Großzügigkeit.

- **Langweilige Videos und Dias**
  Maximale Länge: 2-3 Minuten. Eine abgedunkelte, ruhige Zone ist ratsam.

- **Modell Schwitzhütte**
  Ein geschlossenes Dach mit Beleuchtung bringt nicht nur das Personal zum Schwitzen. Planen Sie ohne Dach, Lampen lassen sich auch ohne installieren.

- **Typisches CI (Corporate identity) fehlt**
  Firmenfarben und Optik mit Logo unbedingt einhalten. Schnelle Wiedererkennung ist gerade auf Messen gefragt.

- **Zu viel, zu wenig oder ungeschultes Personal**
  Auswahl und Vorbereitung des Personals ist einer der wichtigsten Punkte Ihrer Messevorbereitung. Damit steht und fällt Ihr Erfolg!

6.3 Schulen Sie Ihr Personal!

»Firmenrepräsentanten stehen plaudernd, rauchend oder Kaugummi kauend in Grüppchen herum, belegen zeitungslesend die Besprechungszonen und finden es ausgesprochen lästig, durch Besucher gestört zu werden«, reflektieren Kommunikationsexperten ihre Messeeindrücke.

Übertrieben? Sicher nicht. Gehen Sie mit offenen Augen über die Messe und beobachten Sie das Treiben auf den Ständen. Oft grenzt das Verhalten des Standpersonals regelrecht an Kundenabwehr!

»Kann ich Ihnen helfen?«, fragt der Repräsentant eines Unternehmens, während er die brennende Zigarette in der hohlen Hand auf dem Rücken verbirgt.

Beziehen Sie Ihr Standpersonal frühzeitig in das Ereignis Messe ein. Sagen Sie, wie viel Geld Sie in das Projekt stecken, denn dann wird das Personal erkennen, welche Verantwortung es trägt.

Aller Anfang sollte nicht schwer sein

Die Gesprächseröffnung *»Kann ich Ihnen helfen?«*, funktioniert erfahrungsgemäß in sechs von zehn Fällen nicht. Es kommt kein Gespräch zustande. Ein *»Ich schau mich nur mal um«* liegt als Antwort auf der Hand.

Beginnen Sie immer mit einer *offenen Frage*, auf die nicht mit Ja oder Nein geantwortet werden kann. Oder in Form einer *Schlagzeile*.

Ein paar Beispiele:

»Sie interessieren sich für das neue Entkalkungsgerät. Ist der Härtegrad Ihres Wasser niedrig oder eher hoch?«

»Guten Tag, Sie sehen hier einen Teil unserer Kollektion. Sind Sie Anwender oder Wiederverkäufer?«

»Guten Tag. Mein Name ist Findig. Ich bin Entwicklungsingenieur für Haushaltsgeräte. Was kann ich für Sie tun?«

Was sollten Sie außerdem trainieren?

Weitere Schulungsinhalte

- Marktposition einzelner Produkte, Anwendungen;
- das Messeziel;
- mögliche Kundeneinwände und die passende Entkräftung;
- Technik und Entwicklung, Hintergründe;
- Vorführungen: Sie müssen »im Schlaf sitzen«;
- Fragetechnik, Zwischenfragen, Kontrollfragen;
- Zielvereinbarung: Besuch, Angebot, Information;
- Dokumentation des Gespräches, lesbar und leicht auszuwerten.

Gesprächsnotiz

Statistik

Veranstaltung ______________________

Datum ______________________

Fachberater ______________________

____

Mit wem haben Sie schon mal gesprochen ______

____

Name ______________________

Funktion ______________________

Firma ______________________

Abteilung ______________________

Straße ______________________

Postfach ______________________

PLZ Ort ______________________

Telefon mit Vorwahl ______________________

Kunde

1. Wo liegt Ihr Hauptinteresse?

❍ Produkt A ❍ System 1 ❍ Modell 1
❍ Produkt B ❍ System 2 ❍ Sonstiges
❍ Produkt C ❍ System 3 ❍ ______________

2. In welcher Bedarfssituation befinden Sie sich ?

❍ aktueller Bedarf ❍ mittelfristiger Bedarf ❍ zur Zeit kein Bedarf

3. Was können wir für Sie tun?

❍ Beratung (per Telefon) ❍ Produkt-Demo ❍ Angebot
❍ Besuch ❍ Planung ❍ Info-Material schicken

4. Welche Fragen müßten noch geklärt werden?

Intern **Zielgruppenschlüssel**

❍ Absatzmittler
❍ Bundesbehörde
❍ Energie, Transport und Verkehr
❍ Export
❍ Finanz- u. Versicherungen
❍ Generalunternehmen
❍ Gesundheitswesen

❍ Industrie
❍ Kultur, Freizeit, Sport
❍ Handel u. Gastronomie
❍ Medien
❍ Mitbewerb
❍ Planungsbüros
❍ Polizei, Feuerwehr
❍ Schulen/Universitäten

Wie sind Sie auf uns aufmerksam geworden?
____
____
____

Aufnahme in Interessenten-Datei
❍ ja ❍ nein

Zur Bearbeitung an: ______________________
____

Formblatt Gesprächsnotiz

6.4 Das können Sie im Vorfeld einer Messe tun

Werbematerial nutzen

Briefaufkleber, Beileger, Einladungskarten werden von vielen Messegesellschaften zur Verfügung gestellt. Ihr Firmenname, Halle und Standnummer werden eingedruckt. Verwenden Sie diese Elemente vier bis sechs Wochen vor der Messe.

Eintrag Messekatalog

Im Gegensatz zu vielen Prospekten, die auf der Messe verteilt werden, wandert der Messekatalog erst nach längerer Zeit in den Papierkorb. Er dient zunächst als Nachschlagewerk. Veranlassen Sie deshalb einen Eintrag und prüfen Sie den korrekten Abdruck von Adresse und Telefonnummer. Belegen Sie alle relevanten Produktgruppen.

Ein Brief mit Antwortkarte ist eine weitere gute Möglichkeit, um auf sich aufmerksam zu machen. Rücksendern können Sie einen Eintrittskartengutschein oder ein Messepräsent anbieten.

Einladung zur Messe

Mit einer starken Einladung überlassen Sie es nicht allein dem Zufall, dass »schon genügend Besucher an Ihrem Stand vorbeischlendern werden«.

- Machen Sie neugierig, aber sparen Sie mit Superlativen!
- Sagen Sie, worum es geht, aber halten Sie Argumente in petto.
- Machen Sie den Nutzen deutlich, liefern Sie Gründe, Ihren Stand zu besuchen.

- Sprechen Sie den Briefempfänger persönlich an. Machen Sie Ihre Wertschätzung deutlich.
- Gestalten Sie das Antwortelement verbindlich: *»Ja, ich komme am ... um ... Uhr.«*
- Schicken Sie einen Eintrittskartengutschein mit Bestätigung: *»Wir freuen uns auf das Gespräch mit Ihnen am ... um ... Uhr.«*

Wir haben viel mit Ihnen zu besprechen!

Guten Tag, Frau ...,
Guten Tag, Herr ...,

wieder ist ein Jahr rum und die Industriemesse steht vor der Tür!
"Lohnt sich ein Besuch denn schon wieder?", wird sich so mancher fragen.

Ja, es lohnt sich auf jeden Fall! Wir sind in den vergangenen 12 Monaten nicht untätig gewesen:

> Die Leistungsfähigkeit des PHS 1000 wurde noch erheblich gesteigert. Jetzt können Sie ihn auch im Fahrzeugbau einsetzen.
>
> Mit dem PHS 1000/01 haben wir auf Anregung unserer Kunden eine "abgestrippte" Version entwickelt. Sie hat aber alle Funktionen, die der Markt fordert! Sie gehören zu den Ersten, die sie in Funktion sehen!

Weitere interessante Neuheiten warten auf Sie. Merken Sie sich den Besuch auf unserem Stand unbedingt vor. Wir freuen uns auf das Gespräch mit Ihnen!

Auf Wiedersehen zur Industriemesse!

Sabine Schlau

Die meisten neuen Produkte sind übrigens sofort lieferbar.
Damit werden sie ganz kurzfristig umsatzwirksam!

Beispiel Messeeinladung

Antwort

Mustermann und Söhne
Straße

PLZ, Ort

Im Fensterumschlag oder
als FAX einsenden

FAX an: 0 12 34 - 5 67 89

❍ JA, wir nehmen Ihre Einladung an und kommen mit ... Personen.
Die Namen sind:

1. ....

2. ....

3. ....

❍ Wir können nicht kommen und benötigen Informationen über:

❍ PHS 1000

❍ PHS 100001

Absender:
Firma:
Name:
Abteilung:
Straße:
PLZ/Ort:
Telefon:
FAX:

Beispiel Antwortbogen

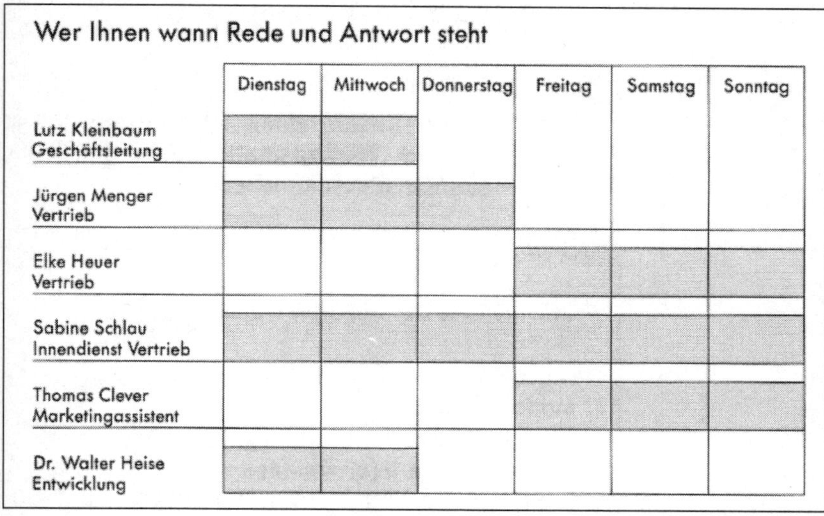

Beispiel Antwortbogen

6.5 Flankierende Maßnahmen

Um Ihren Messerfolg zu sichern, sollten Sie folgende Möglichkeiten in Betracht ziehen:

- Herausgabe einer Presseinformation sechs bis acht Wochen vor der Messe, damit Sie in die Vorberichterstattung kommen;
- Anzeigen schalten, neugierig machen;
- Aktionsangebote verkünden;
- Nachbearbeitungsaktionen planen. Zum Beispiel eine Hausmesse mit dem Motto: *»Gestern noch auf der Funkausstellung – Heute schon bei uns«.*

6.6 Besuche bei der Konkurrenz

Es ist notwendig, sich während der Messe zu orientieren, was die Konkurrenten zu bieten haben. Damit bleibt der Wissensstand aktuell und die Argumentation den Verhältnissen angepasst.

Gehen Sie so vor:

- Stimmen Sie ab, wer wen wann besucht.
- Machen Sie sich vorher Gedanken, welche Informationen Sie haben wollen.
- Halten Sie die Informationen schriftlich fest, geben Sie sie an Mitarbeiter weiter.
- Stellen Sie sich mit Namen und Firma vor, wenn Sie dort nicht bekannt sind.
- Laden Sie zu einem Gegenbesuch auf Ihren Stand ein.

6.7 Ausstellen allein genügt nicht!

Messe-nacharbeit

Messenacharbeit und Messeerfolg liegen dicht beieinander! Auch wenn nach anstrengenden Messetagen »erstmal die Luft raus ist«, müssen Sie sofort:

- Manöverkritik halten:
  Was war gut? Was war schlecht?
- Messeziele: Soll/Ist-Vergleich
- Verbesserungsvorschläge aufnehmen
- Dank an die Mitarbeiter
- zugesagtes Informationsmaterial versenden
- Kontakte selektieren nach:
  - Bedarf kurzfristig – bevorzugt bearbeiten, Termin vereinbaren
  - Bedarf mittelfristig – Info-Material schicken
  - Generelles Interesse – Kontakt pflegen
- alle Adressen in die Datenbank aufnehmen.

Jeder erfolgreiche Verkäufer weiß aus Erfahrung, dass nicht nachgefasste Angebote ziemlich chancenlos sind. Eine nicht konsequent nachgearbeitete Messe ist eine unnützte Investition, also verschenktes Geld!

Abschlussbericht

Motto der Messe: ____________________

Datum: ____________________

Ort: ____________________

____

Zahl der Einladungsbriefe: ____________________

Namentliche Liste vorhanden: ____________________

Sind Zeitungsanzeigen/PR-Berichte erschienen: ____________________

Zahl der Besucher: ____________________

Zahl der Neukunden: ____________________

Besucher aus Zielgruppen: ____________________

____

____

Verbesserungsvorschläge: ____________________

____

____

Summe Vorkalkulation: ____________________

Summe Nachkalkulation: ____________________

Ist eine erneute Teilnahme sinnvoll? Ja / Nein

Formblatt Abschlussbericht

6.8 Checkliste Aktionszeitrahmen

Aktion	Zeit
○ Messemotto festlegen	3 Monate
○ Standfläche frühzeitig anmelden	3 Monate
○ Standposition prüfen: • Gute Besucherfrequenz zu erwarten? • Ggf. Messegesellschaft ansprechen	2 Monate
○ Katalogeintrag veranlassen	2 Monate
○ Standgestaltung festlegen	2 Monate
○ Standbau veranlassen	2 Monate
○ Bereitstellung und Prüfung der Exponate	1 Monat
○ Standbesetzung festlegen	1 Monat
○ Übernachtungen buchen	1 Monat
○ Versicherungen abschließen	2 Wochen
○ Einladungsaktion starten: • Persönliche Ansprache • Brief an Kunden • Anzeige Ausstellerkatalog • Anzeige Regionalpresse • Presseveröffentlichung	2–4 Wochen
○ Nachbearbeitung organisieren: • Standardbrief • Broschüren	1 Woche
○ Abbau Stand und Exponate organisieren	1 Woche
○ Abnahme Standbau	Vortag
○ Einweisung Personal	Vortag
○ Erfolgskontrolle/Manöverkritik	sofort nach Messeschluss
○ Abschlussbericht	sofort nach Messeschluss
✓ Erledigt?	

Checkliste Bewirtung

Im ersten Kästchen kreuzen Sie an, was Sie mitnehmen.
Im zweiten Kästchen wird angekreuzt, was Sie schon eingepackt haben.

- Staubsauger ☐☐
- Kaffeemaschine ☐☐
- Kaffeefilter ☐☐
- Filterpapier ☐☐
- Elektrische Kochplatte ☐☐
- Schnellkocher mit Schnur ☐☐
- Verlängerungsschnur und Verteiler ☐☐
- Töpfe und Pfannen ☐☐
- Kühlschrank ☐☐
- Geschirrschrank ☐☐
- Spüle ☐☐
- Spülmittel ☐☐
- Abwaschbürsten ☐☐
- Geschirrtücher ☐☐
- Abfalleimer ☐☐
- Seife ☐☐
- Handtücher ☐☐
- Staubtücher ☐☐
- Handfeger ☐☐
- Handschaufel ☐☐
- Plastikeimer u. -schüssel ☐☐
- Aufwischtücher ☐☐
- Müllbeutel ☐☐
- Flaschenöffner ☐☐
- Korkenzieher ☐☐
- Flaschenverschlüsse ☐☐
- Eisbehälter ☐☐
- Dosenöffner ☐☐
- Tabletts versch. Größen ☐☐
- Kaffeekanne ☐☐
- Kaffeetassen ☐☐
- Untertassen ☐☐
- Kaffeelöffel u. Teelöffel ☐☐
- Teekanne ☐☐
- Teetassen oder -gläser ☐☐
- Zitronenpresse ☐☐
- Zuckerdose ☐☐
- Milchkännchen ☐☐
- Dessertteller ☐☐
- Gläser (je nach Getränken) ☐☐
- Messer ☐☐
- Gabeln ☐☐
- Suppenlöffel ☐☐
- Suppenteller- u. tassen ☐☐
- Salz u. Pfefferstreuer ☐☐
- Streichhölzer ☐☐
- Aschenbecher ☐☐
- Papierservietten ☐☐
- Schreibzeug ☐☐
- Schreibpapier ☐☐
- Spiegel ☐☐

Checkliste Bewirtung

Kleinigkeiten, die man nicht vergessen sollte!

- Visitenkarte ☐☐
- Kleiderbügel ☐☐
- Kleiderbürste ☐☐
- Nähzeug ☐☐
- Schuhputzzeug ☐☐
- Fleckenspray ☐☐
- Hansaplast ☐☐
- Tesafilm ☐☐
- Schere ☐☐
- Klammerzange mit Ersatzklammern ☐☐
- Papierkorb ☐☐
- Schmerztabletten ☐☐

Checkliste »Nicht vergessen«

6.9 Das kommt auf Sie zu: die Budgetierung

	Vorkalkulation DM	Nachkalkulation DM
Daumenwerte für die grobe Vorplanung: DM 500,– bis DM 1000,– pro qm für Miete, Standbau, Dekoration, Einladungen und Betriebskosten		
Miete Standfläche		
Standbau, Möbel		
Gestaltung, Grafik		
Strom, Wasser		
Transport		
Versicherungen		
Bewirtung		
Telefon		
Reinigung		
Bewachung		
Werbemittel/Streuartikel		
Gutscheine		
Katalogeintrag		
Einladungsaktion:		
Einladungsbrief/Porto		
Anzeige Regionalpresse		
Presseinformation/Foto		
Broschüren		
Summe Budget:		

7. Die eigene Messe

Besser als »in den eigenen vier Wänden« kann sich ein Unternehmen seinen Kunden nicht präsentieren. Durch den »Heimvorteil« können Sie völlig unabhängig planen und sich Ihren Besuchern widmen. Die Hausmesse geht dabei oft über die reine Produktvorstellung hinaus. Der Besucher lernt das Umfeld des Unternehmens kennen und trifft Mitarbeiter, die er auf einer offiziellen Messe nicht sehen würde oder die er bisher nur vom Telefon kennt.

Wenn Sie zu einer Hausmesse einladen, erwarten Sie von Ihren Besuchern, dass sie ihre Zeit investieren, um zu sehen, was *Sie* zu sagen und zu zeigen haben.

Achtung Risiken!

Sie sind Ihr eigener Veranstalter, ein direkter Vergleich mit der Konkurrenz, wie auf einer Messe, findet nicht statt. Das ist Ihre Chance, aber auch risikoreich!

7.1 Anlässe für eine Hausmesse

Veranstalten Sie eine Hausmesse nur dann, wenn Sie *interessante Anlässe* haben. Es wäre fatal, wenn Besucher Ihre Veranstaltung (oft erst nach mehreren Stunden!) mit dem Gefühl verlassen, es habe sich nicht gelohnt. Enttäuschung oder Verärgerung sind eine schlechte Grundlage für Geschäfte.

Anlässe für eine Hausmesse:

- Vorstellung neuer Verfahren, Maschinen, die Sie nicht oder nur schlecht auf einer Messe zeigen können.
- Wichtige Saisontermine für Verbraucher und Handel, Letzterer mit entsprechendem Vorlauf.
- Inbetriebnahme neuer Produktionsstätten, eventuell als »Tag der offenen Tür«, auch für Angehörige von Mitarbeitern und Anwohner aus der näheren Umgebung (Attraktionen für Kinder einplanen!).

Als Veranstalter laden Sie die gewünschten Besucher *frühzeitig* ein. Die individuelle Einladung muss den Adressaten überzeugen, dass der Besuch Ihrer Hausmesse ein absolutes »Muss« ist. Wenn Sie bereits einen Namen in der Branche haben, für Innovationen bekannt sind, wird man Ihrer Einladung folgen. Gehen Sie auf Sonderwünsche ein und machen Sie deutlich, wie wertvoll der Besuch für Sie sein wird.

Zielgruppenspezifische Termine

Wenn Sie zum Beispiel eine neue Korkfußboden-Kollektion präsentieren, kann es sinnvoll sein, spezielle Zielgruppentermine zu nennen. Laden Sie tagsüber Architekten und Bauherren ein und abends nach Ladenschluss um 19 Uhr die Raumausstatter. Dies ist insofern vorteilhaft, als Sie den unterschiedlichen Kundennutzen (hier: Wärmedämmung, Design, dort: Lagerhaltung, Nachgeschäft durch Pflegemittel) viel klarer herausstellen können.

Einladung eines Referenten

Wenn Sie im Rahmen Ihrer Messe einen Referenten auftreten lassen, erhöht sich der Anreiz, Ihre Veranstaltung zu besuchen. Wichtig dabei ist, dass das Thema für möglichst viele interessant und aktuell und der Referent kompetent und aussagefähig ist.

Wenn er nicht allgemein bekannt ist, unterstreichen Sie seine Kompetenz bereits in der Einladung: *Dr. Kratz, Universität Heidelberg, Allergologe, Vorsitzender des Arbeitskreises Allergie und Baustoff beim Bundesminister für Gesundheit.*

Von solchen Themen fühlt sich so mancher angesprochen:

»2,5 l auf 100 km: Wann kommt endlich ein wirklich sparsames Auto?«

»Elektrosmog: Ernsthaftes Problem oder reine Panikmache?«

Entwicklungstrends, Zukunftsprognosen sind Aufhänger, die neugierig machen. Vermeiden Sie aber politische Themen. Womöglich ist Ihr bester Kunde ausgerechnet aus dem anderen politischen Lager!

Ich bin sicher, es wird Ihnen nicht schwer fallen, jemanden zu finden, der Ihre Veranstaltung durch seinen Beitrag noch aufwertet. Vergessen Sie nicht, die *Presse* einzuladen!

Ablauf

Vorschlag für den Ablauf Ihrer Veranstaltung:

10 Uhr — Eintreffen der Gäste.
Niemand musste besonders früh aufstehen, um zu Ihnen zu kommen. Alle sind entspannt, denn die Rushhour wurde vermieden.
Sie reichen Sekt und Orangensaft.
Es gibt erste Gelegenheit, die Exponate zu betrachten.

10.30 Uhr — Nun sind alle da.
Sie halten Ihre Begrüßungsrede, danken für den Besuch, stellen Mitarbeiter vor und sagen noch mal etwas über den Ablauf des Tages.

10.40 Uhr	Vorstellung: Was ist neu, Kundennutzenargumentation entsprechend dem Publikum. Einige Details.
11 Uhr	Kaffeepause, Gespräche und Demonstration von Exponaten.
11.30 Uhr	Gastreferat.
12.15 Uhr	Diskussion zum Referat.
12.30 Uhr	Mittagspause: Buffet. Achten Sie darauf, dass genügend Sitzplätze vorhanden sind. An jedem Tisch sitzt mindestens einer ihrer Mitarbeiter! Trainieren Sie, wenn nötig, »Gesprächsstoff«.
13.30 Uhr	Sie beenden den offiziellen Teil. Dank und Ausblick. Sie übergeben ein Erinnerungsgeschenk.
Danach:	Gelegenheit zu möglichst vielen Einzelgesprächen, die bereits beim Essen angebahnt wurden. Sitzmöglichkeiten bereithalten.
Abends:	Wiederholung für Ihre zweite Zielgruppe.

7.2 Die Hausmesse außer Haus

Wenn geeignete Räume nicht zur Verfügung stehen, finden Sie Alternativen in Hotels, Stadthallen und anderen Veranstaltungsbetrieben. Achten Sie darauf, dass das Umfeld stimmig ist. Designermöbel lassen sich schlecht in einer rustikalen Bauernstube präsentieren, und ob Ihre Produkte und Referate ins Hilton passen, müssen Sie gut abwägen. Werden sich Ihre Besucher dort wohl fühlen?

Informationstage »on the road«

100 bis 150 km werden Ihre Besucher maximal fahren, um zu Ihnen zu kommen. Sind Ihre Kunden weiter verstreut, fahren Sie zu ihnen. Drei Informationstage pro Woche lassen sich machen. Gestalten Sie Ihr Equipment so, dass es schnell verladen werden kann.

Montag:	Hamburg
Mittwoch:	Dortmund
Freitag:	Frankfurt
Montag:	München
Mittwoch:	Dresden
Freitag:	Berlin

Deutschland in zwei Wochen. Generalstabsmäßig geplant, erzielen Sie einen Akquisitionsvorsprung, von dem Sie viele, viele Wochen zehren können.

7.3 Die Einladungsaktion

Die neue Tapetenkollektion birgt so manche Überraschung!

Guten Tag, sehr geehrte Frau ...,
Guten Tag, sehr geehrter Herr ...,

wir laden Sie ein,

am 23. Februar von 10 – 15 Uhr

die neue, farbenfrohe Herbstkollektion kennen zu lernen. Holen Sie sich Ihre Eindrücke mit uns bei einem Business-Lunch.

Im Rahmen unserer Hausmesse werden Sie weitere Produkte sehen. Dipl.-Ing. W. Schröder von der Henkel AG spricht zum Thema:

Gesünder kleben: umweltverträgliche Klebetechniken

Es wird ein interessanter Tag in unseren Räumen.

Straße, Ort

Sind Sie dabei? Wir rechnen sehr mit Ihnen. Am besten »blockieren« Sie gleich den Termin. Teilen Sie uns doch auch gleich mit, wie viel Personen aus Ihrem Hause teilnehmen möchten. Der Antwortcoupon ist vorbereitet. Wir melden uns dann bald mit der Teilnahmebestätigung und Anreisehinweisen.

Bis bald und
auf Wiedersehen zu unserer Hausmesse

Beispiel Einladungsbrief

Antwort

Mustermann und Söhne
Straße

PLZ Ort

Im Fensterumschlag oder
als FAX einsenden

FAX an: 0 12 34 – 5 67 89

❍ JA, wir nehmen Ihre Einladung an und kommen mit ____ Personen. Die Namen sind:

1. ______________________________
2. ______________________________
3. ______________________________

❍ NEIN, der Termin passt uns nicht.
Ihr Vertreter soll uns besuchen.
Terminabsprache mit Frau/Herrn ________________

Absender: Firma
Name
Abteilung
Straße:
PLZ/Ort:
Telefon
FAX:

Beispiel Antwortbogen

7.4 Grundregeln für die telefonische Nachfassaktion

Gerade bei einer Hausmesse ist es wichtig, telefonisch an den Termin zu erinnern. Damit steht und fällt die Veranstaltung!

- Fragen Sie, ob die Einladung eingetroffen ist.

- Vertiefen Sie das Einladungsthema mit einem Satz.

- Bestätigen Sie den Termin noch einmal mit Datum und Uhrzeit.

- Fragen Sie, ob noch weitere Personen des Unternehmens an der Veranstaltung teilnehmen möchten.

- Teilen Sie dem Gesprächspartner mit, dass Sie sich auf seinen Besuch freuen.

Telefonnotiz/Einladung zur Veranstaltung

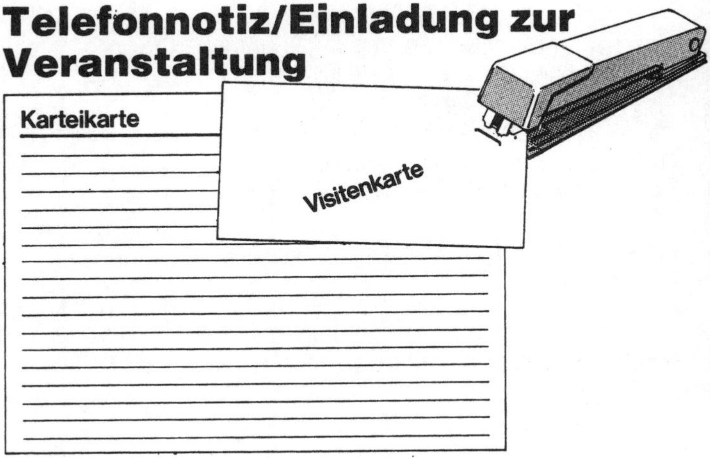

Name der Zielperson: ____________________

Zielperson erreicht am: ____________________ Uhr: __________

Interesse an: ____________________

____

____

Veranstaltung am: ____________________ Uhr: __________

Termin ○ Zusage: Wieviel kommen: ____________________

○ Absage: Begründung: ____________________

____

zu veranlassen: ____________________

____

____

____

Sonstige Information: ____________________

____

____

Formblatt Telefonnotiz

7.5 Checkliste Aktionszeitrahmen

Aktion	Zeit
○ Planen Sie genügend Vorbereitungszeit ein. Berücksichtigen Sie bei der Terminplanung Ferien, Feiertage, Messen, Sportereignisse etc.	3–4 Monate
○ Formulieren Sie mit Ihren Mitarbeitern: • Welche Neuheiten (Highlights) wollen wir zeigen? • Welches sind die Vorteile? (Argumentationen) • Wen wollen wir einladen? (Zielgruppe)	3–4 Monate
○ Geben Sie der Hausmesse ein Motto (erscheint auf Einladungsbrief, OH-Folien, bei der Raumgestaltung).	3–4 Monate
○ Gewinnen Sie einen namhaften Referenten mit aktuellen Themen (erhöht den Anreiz teilzunehmen). Vortragsdauer: max. 40 Minuten.	3–4 Monate
○ Einladungen versenden.	4–6 Wochen
○ Lassen Sie sich die Teilnahme (per Fax) bestätigen.	2 Wochen
○ Laden Sie die Regional- und Fachpresse ein, insbesondere wenn Sie einen namhaften Referenten oder Produktneuheiten haben.	4 Wochen
○ Fassen Sie bei Nichtreagierern telefonisch nach.	2 Wochen
○ Schicken Sie den Teilnehmern eine Anfahrtskizze.	2 Wochen
○ Gästebewirtung vorbereiten: Getränke, Buffet, ein Glas Sekt zum Empfang.	2 Wochen
○ Informieren Sie Mitarbeiter per Rundbrief/Aushang.	2 Wochen
○ Fertigen Sie Namensschilder an (Teilnehmerliste).	Vortag
○ Hinweisschilder anbringen: »Vortragssaal«/»Ausstellung«.	Tag der Veranstaltung
○ Generalprobe der technischen Geräte (Overheadprojektor, Demo-Geräte).	Tag der Veranstaltung
○ Handouts und Broschüren bereitlegen (eventuell in Mappen).	Tag der Veranstaltung

✓ Erledigt?

Wenn Ihre Veranstaltung im Hotel stattfindet:

Aktion	Zeit
○ Frühzeitig buchen.	3 – 4 Monate
○ Raumausstattung prüfen: • Overheadprojektor • Produkttische • Poster/Wandtafeln • Telefon • Schreibutensilien • Größe/Bestuhlung • Verdunklung	3 – 4 Monate
○ Parkmöglichkeiten/Parkgebühren klären.	3 – 4 Monate
○ Geräteanlieferung: Raum ebenerdig oder Aufzug vorhanden?	3 – 4 Monate
○ Bewirtung verabreden: • Empfangsdrink • Pausenkaffee • Tagungsgetränke • Buffet	3 – 4 Monate
○ Aufbau und Installation	Vortag
✓ Erledigt?	

Legen Sie jedem Einladungsbrief eine Standortbeschreibung bei:

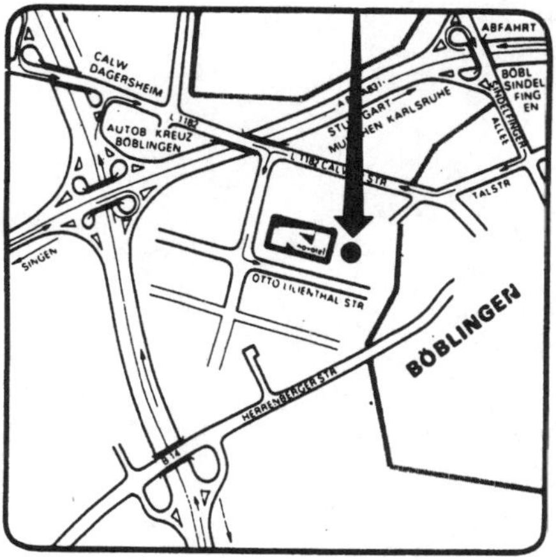

- Fertigen Sie eine Skizze an, oder fotokopieren Sie Ort und Umgebung aus dem Stadtplan (Urheberrechte beachten)
- Legen Sie möglichst einen Hotelprospekt bei
- Geben Sie Hinweise für die Anfahrt auswärtiger Besucher
- Markieren Sie den exakten Veranstaltungsort (z.B. durch Pfeil)
- Zeigen Sie in jedem Fall auch die Parkplatzmöglichkeiten auf
- Bringen Sie im Hotel Hinweisschilder an

7.6 Die Budgetierung

Wer eine Hausmesse allein unter Kostengesichtspunkten veranstaltet, macht einen Fehler. Standmiete, Standbau entfallen zwar, dafür wird aber das »Drumherum« aufwendiger, damit sich der Erfolg einstellt.

	Vorkalkulation DM	Nachkalkulation DM
Veranstaltung In eigenen Räumen		
Einladungsaktion: Porto		
Telefongebühren		
Referentenhonorar		
Produktion Präsentationsfolien		
Grafik, Tafeln, Beschilderung, Poster		
Kopierkosten (Anfahrtskizze, Vortragsfolien, Handouts)		
Bewirtung		
Anzeige in der Regionalpresse		
Pressefotos		
Broschüren		
Werbegeschenk		
Summe Budget:		
Zusätzliche Kosten für Veranstaltung im Hotel		
Raummiete (entfällt meistens, wenn Bewirtung durch das Hotel erfolgt)		
Parkgebühren		
Transportkosten		
Mehrkosten, falls Aufbau am Vorabend erfolgt		
Summe Budget:		

7.7 Checkliste Nachbearbeitung

- O Manöverkritik halten.
- O Verbesserungsvorschläge festhalten.
- O Informationsmaterial versenden.
- O Aktive Nachbearbeitung:
  - Kurzfristiger Bedarf vorhanden?
  - Besuchstermine vereinbaren?
  - Generelles Interesse (Meinungsbildner)?
- O Kontakte in die Datenbank aufnehmen.
- O Information an Kunden, die verhindert waren.

✓ Erledigt?

Kontakte nutzen

Bearbeiten Sie alle Kontakte konsequent weiter! Die Pflege von bestehenden Kontakten ist effektiver und kostengünstiger als die Anbahnung von Neukontakten.

7.8 Abschlussbericht Hausmesse

Abschlussbericht

Motto der Messe: ______________________________

Datum: ______________________________

Ort: ______________________________

____

Zahl der Einladungsbriefe: ______________________________

Sind Zeitungsanzeigen/PR-Berichte erschienen: __________

Zahl der Teilnehmer: ______________________________

Besucher aus Zielgruppen: ______________________________

____

____

____

Verbesserungsvorschläge: ______________________________

____

____

____

Summe Vorkalkulation: ______________________________

Summe Nachkalkulation: ______________________________

7.9 Tag der offenen Tür

Im Gegensatz zur Hausmesse hat der Tag der offenen Tür nicht vordergründig das Ziel, Verkaufsmaßnahmen zu unterstützen.

Intention

Mit dem Tag der offenen Tür fördern Sie:

- Bekanntheit, Ansehen
- Kontakte zur Nachbarschaft, zu Familienangehörigen von Mitarbeitern
- Verständnis für Vorhaben

Sie stellen sich und Ihr Unternehmen dar und haben eine umfassende Möglichkeit zur Imagepflege. Außerdem können etwaiges Misstrauen, Vorurteile und Konflikte abgebaut werden.

Anlässe

Ein Betriebsjubiläum, Eröffnung neuer Räume oder Produktionsstätten und Feierlichkeiten der Gemeinde sind ein guter Anlass, einen Tag der offenen Tür zu veranstalten.

Die Vorbereitungen sind sehr zeitintensiv! Planen Sie mindestens sechs Monate Vorlauf ein! Die besten Termine liegen an einem Samstag im späten Frühjahr, zum Sommeranfang, im Spätsommer und im Frühherbst. Achten Sie auch hierbei darauf, dass Ihr Termin nicht mit anderen Terminen, wie Stadtfeste, Sportveranstaltungen, Messen, kollidiert!

7.10 Aktionszeitplan »Tag der offenen Tür«

Aktion	Zeit
○ Termine abstimmen und festlegen	6 Monate
○ Verantwortlichen einsetzen, Team bilden	6 Monate
○ Rahmen festlegen, Ziele formulieren	6 Monate
○ Grob-Budget erstellen	6 Monate
○ Mitarbeiter informieren, Abstimmung mit Behörden	6 Monate
○ Ideen sammeln, Brainstorming »Was soll gezeigt werden?«	5–6 Monate
○ Konzept verabschieden, Detailpläne erstellen	4–5 Monate
○ Detailliertes Budget aufstellen und verabschieden	4 Monate
○ Einladungsliste vorbereiten	4 Monate
○ Organisatorische und Beschaffungsfragen klären: • Zelt, Tische, Bänke, Buden, Fahnen mieten? • Künstler, Musik engagieren? • Bewirtung intern/extern? • Kinderprogramm erstellen: Hüpfburg, Ponyreiten, Malwettbewerb etc.	3 Monate
○ Alternativprogramm für schlechtes Wetter ausarbeiten	3 Monate
○ Medizinische Betreuung sicherstellen	3 Monate
○ Sanitäre Anlagen ausreichend? Mobile Toiletten zumieten?	3 Monate
○ Informationstafeln erstellen, Dia- oder Videoshow prüfen, aktualisieren	3 Monate
○ Text und Druck der Einladungskarten	2 Monate
○ Give-aways beschaffen	2 Monate
○ Festlegung der zu besichtigenden Betriebsräume, evtl. Absperrung vorbereiten (Gefahrenzonen)	2 Monate
○ Versand der Einladung	4 Wochen

Aktion	Zeit
○ Herausgabe der Presseinformation	4 Wochen
○ Reinigung für den Vortag organisieren, ggf. Malerarbeiten veranlassen	4 Wochen
○ Parkmöglichkeiten und Verkehrslenkung prüfen und organisieren	1 Monat
○ Information an Feuerwehr, Polizei, Gewerbeaufsicht	1 Monat
○ Aufräumarbeiten, Abbau nach Veranstaltungsschluss (Samstag, Sonntag) verabreden	2 Wochen
○ Nachbearbeitung: • Zahl der Besucher • Fotos, Presseberichte an Mitarbeiter, Beteiligte	1 Woche danach
○ Nachkalkulation erstellen	1 Monat danach
✓ Erledigt?	

Abbildungsnachweise

Wir danken für die freundliche Abdruckgenehmigung:

Seite 11, 34	Philips Kalender
Seite 12, 16	Erik Liebermann, Hagen Riegsee
Seite 17, 18, 37	Dr. Lachmann, Marktforschung
Seite 49	Schober Top-Tipps Cartoon
Seite 96, 103, 104	Plan Kommunikation
Seite 123	Ferdinand Lange Werbegestaltung, Hamburg
Seite 136, 137, 148, 151	Aktionspaket Verkaufsförderung Philips GmbH, Hamburg

Literatur

Bungert, Gerhard:
Weiter im Text. Zürich, 1992

Bürger, Joachim H.:
Werben wie die Profis.
Landsberg am Lech, 1986

Dittrich, Helmut:
Erfolgreiche Werbung für Klein- und Mittelbetriebe. Düsseldorf, 1991

Hallwass, Edith:
Deutsch für Texter und andere kluge Köpfe.
Bonn, 1989

Obermaler, Ernst:
Grundwissen Werbung. München, 1988

Schmidt, Silvia:
Leitfaden Pressearbeit. Hamburg, 1995

Varell, Bert:
Pressearbeit für Investitionsgüter.
Sarendorf, 1986

Vögele, Siegfried:
Das Verkaufsgespräch per Brief und Antwortkarte.
Landsberg am Lech, 1987